小太阳亲子丛书

教Baby
真Easy

陈力瑜 著

复旦大學 出版社

【自序】
人生的梦想是可以实现的

从没想过会出国念书的我,却在一九九九年来到美国,重新开始学英文。

我父亲在我出国前语重心长地问:"力瑜啊,你的英文这么差,真的要出国吗?"

我说:"爸爸,从小您教我遇到困难要克服而不是逃避;我就是因为英文不好才要去把它学好啊!"

我父亲听了之后,非常赞成。这十年来,父亲与母亲两人对我只有鼓励与支持。

攻读"应用行为分析"

我在二〇〇〇年念硕士时主修的科系,是非常冷门的应用行为分析(Applied Behavior Analysis);幸好家人没有对我念的科系有太多质疑。也许,我的父母早就习惯我那种一旦决定了就要坚持到底的个性。

当然,这样的个性的确让我在人生旅途上吃了很多苦头。我常跟我母亲开玩笑说,我自己是那种明明大家都告诫我前面有坑洞,但是我若决定要一探究竟,还是会排除万难往坑里跳;然后再起来对着告诫我的人说:"嗯,的确是个坑,跳下去真痛!"也是这样的个性,支持我在旅美将近十年的岁月里,每当遇到困难时总能一次次地咬着牙向前走。

我记得当年突然打电话回台湾跟母亲报备,要从原本想念的音乐治疗专业转而攻读应用行为分析专业时,母亲问:"那是什么科系啊?"

我说:"妈,您不要在意这科系的名字啦!反正我向您保证,这科系十年后会很重要!"

就这样,我走进最喜欢的心理学领域,研究其中的应用行为分析,而且庆幸自己到美国念了这门学科。因为,我自己在这个领域学习到的知识,已经陆陆续续协助了我在美国的许多学生们,以及听过我演讲的许多老师与家长。

从二〇〇〇年开始,深入地接触特教领域,也教导过学习语言的学习者,并在韩国服务过许多中途辍学的学生。

我在我的服务领域中,以应用行为分析当作主轴,将我大学就读社工系所学到的沟通技巧,与博士课程里的教育心理学教学技巧加以搭配,用以协助许多学习者,成效都非常良好。

二○○四年开始,有机会接触 Vicci Tucci 女士的教育训练。她的教育训练融合了应用行为分析、直接指导教学法(Direct Instruction)以及精确度教学法(Precision Teaching);这些概念的整合,强化了我在实务上的能力。而且,她强调藉由游戏来学习的教学理念,正是我离开台湾到美国追寻的答案之一。

目前,我也已经开始将 Vicci Tucci 女士的教育训练推展回台湾,以她所提倡的"有能力的学习者模式"(Competent Learner Model),有系统地训练一些老师与家长;目前受训的家长与老师们,也都能在接受训练的过程里,学习到更有效率的教学技巧。

感恩与分享

在人生旅途中一路走来,并不是没有经历过困难;但总是会有上帝的带领与贵人及时伸出援手拉我一把,让我心中总是非常感恩。

尤其,因为父母与其他家人都是慈济人的因缘,所以每到新的地方,就会习惯性地找寻那里的慈济人;从佛罗里达州、西弗吉尼亚州,到现在的加州,总能见到慈济人,感觉就像是见到自己家人一般地亲切。

我常说,到慈济的团体里是件令人开心的事;那种彼此协

教Baby真Easy

助、彼此学习的文化,总让我自己获益良多。

已经忘记何时许下要把第一本书捐给慈济的心愿了;但是,我不会忘记自己曾经接受过许多人的恩惠,有朝一日一定要回报。我常常在心里告诉自己——若是有一天可以出书,把我在美国所学应用行为分析的原理原则和这些年来从事教育的经验与大家分享,那么我很希望把这本书献给对我意义深重的慈济。感恩慈济传播人文志业基金会出版部愿意协助我成就这个心愿,真的非常幸运,也非常感恩。

诚盼本书的出版,能真正提供家长们和教育工作者多一点实用方法来与孩子们进行良性互动,让亲子之间的关系更融洽,使孩子们更有教养。

在此也要特别感恩在美国的几位教授及长辈的启发与协助,其中包括 Dr.Dan Hursh、Dr.Jose Martinez、Dr.William Gabrenya 以及 Dr.Marion Kostka 和 Mr.Jacques Williams,还有提供照片的家长们。

应用行为分析法简介

应用行为分析法(Applied Behavior Analysis),英文简称为 ABA,这是从心理学的行为学派发展而来的教学方法,使用的范围非常地广泛;目前,被使用于协助有特殊学习需要的学习者成效尤其良好。

应用行为分析法非常重视藉由观察来发觉行为背后的功能，再经由客观的分析，找出影响行为无法改变的原因并加以调整。

使用在教学上，首先重视找出可以引发学习动机的增强物；然后再经由提示、塑造、淡化等技巧来协助学习者学习，增强物也会在行为建立后有计划地逐渐移除。最终的目的，则是希望协助学习者发展出自发性的学习动机与能力。

教Baby真Easy

目 录

自序 人生的梦想是可以实现的 / 1

观念篇 父母也是一种职业?

"当父母"也是一种职业 / 2

若是父母也有"试用期" / 4

亲子互动的重要元素 / 6

等你长大后就知道痛苦? / 9

你的孩子快乐吗? / 11

你还骑着三轮车吗? / 13

想教育孩子,为什么不看书? / 15

都是短视惹的祸 / 18

老觉得自己的孩子不够好? / 21

怪力乱神骗小孩? / 23

要尊重孩子 / 26

孩子听得懂吗? / 28

谁教孩子撒谎? / 30

孩子的角色范本 / 32

为何小孩越来越不配合？ / 34

孩子的模仿秀 / 36

矛盾的教育观念 / 39

教孩子收拾玩具 / 41

让孩子一直"可爱" / 43

不要小题大作 / 45

奖励"行为"而不是奖励"人" / 47

你还在打骂孩子吗？ / 49

学会说"有用的废话" / 52

协助孩子成功 / 55

总是要有人在基层 / 58

有"礼"真好 / 61

连别人的孩子一起教 / 63

Do what other people do! / 65

教Baby真Easy

应用篇　如何建立新行为

建立新行为的六个步骤 / 68

几种不同的增强技巧 / 72

教六个月的小娃学手语 / 77

善用正向指令 / 80

别摸！用看的 / 82

多关注孩子的正面行为 / 84

要用对奖励 / 87

先鼓励他或先给糖吃？ / 90

奖励时要多方考量 / 92

奖励时要注意细节 / 94

善用筹码 / 97

把球给爸爸！ / 100

何必声声催 / 103

躲到厕所去笑 / 106

"数到三"该换新招了 / 108

孩子，哭"不得" / 111

让鸽子最疯狂的增强计划 / 113

孩子为何吐口水？/ 117

教孩子遵守规则 / 120

避开孩子挖好的陷阱 / 124

缓冲的技巧 / 126

让孩子自己善后 / 128

训练坐餐椅 / 130

教孩子自己吃饭 / 133

当孩子只对几样东西有兴趣 / 135

谁偷了孩子的生活学习 / 137

火车上被打的小孩 / 140

来自小 baby 的挑战 / 142

名词解释 / 149

父母也是一种职业？

观念篇

教Baby真Easy

"当父母"也是一种职业

> 我学弟说,"我的父母亲对我而言好像是空气——明明存在,但是却看不到他们!"

我的教授Dr.Jaci在介绍他的研究报告时提到,很多做父母亲的人可能都忘记,父母亲其实也是一种"职业"。

由于现代人都很忙碌,所以,把小孩生下来后,往往都交给别人带。但是,老实说,交给保姆带,保姆只能帮你看着小孩,避免发生危险;交给爷爷奶奶或外公外婆带,他们也只能帮你喂养小孩,让他不会挨饿。当然,我相信很多保姆还有长辈都很有爱心;可是,别忘了当父母是你的职业!

你有想过,你是一个称职的父母亲吗?你的小孩需要你的时候,你在哪里呢?

美国有很多移民,因为父母亲辛苦地忙着工作,没空照顾孩子;小孩回到家之后,没有人关心及教导他们,便学会以网络虚拟空间当慰藉,渐渐跟父母完全没有交集。套一句我学弟说的:"我的父母亲对我而言好像是空气——明明存在,但是却看不到他们!"

有一些父母,在小孩发生问题后才来寻求协助,希望能立即见效。但是,冰冻三尺非一日之寒,又怎能立即解冻呢?摔碎一个杯子总是很快,也很容易;但是,要拼回原来的样子却

观念篇 "当父母"也是一种职业

是困难百倍!

我要向用心养育小孩的天下父母致上最高的敬意,因为养育小孩真的很辛苦!

爸妈的 HOME WORK

请记录一下,这星期自己每天跟小孩互动的时间有多少?若是有空,这星期带着全家到郊外走走,培养感情吧!

教Baby真Easy

若是父母也有"试用期"

想想看,如果父母这项职业也有试用期,你会被自己的小孩继续雇用还是请你走路?

很多公司录用新人时,通常都会有两到三个月的试用期——若是公司满意你的表现,便决定继续聘用;否则,公司就会请你另谋高就。

想想看,如果"父母"这项职业也有试用期,你会被自己的小孩继续雇用还是请你走路?

我常从学弟妹口中听到他们对父母亲的抱怨。他们不是去比较谁家的爸爸赚的钱多,或是谁的妈妈能干,而是抱怨——

"我的父母老是要我们读书,怎么自己都不读书?"

"老是把我拿来跟别人比较,我也很想被生得很聪明啊!可惜基因如此,我也很无奈啊!"

"我妈每天除了去购物、泡汤、做头发以外,什么都不做。"

……

虽然孩子没办法选择自己的父母,但是他们对父母所扮演的角色也会有一定的评价。你曾想过自己在孩子的眼中是怎样的父母吗? 若是给你小孩一个量表来测验他对父母的满意度,你可能会拿几分? 你能在小孩的满意度评量里 all pass 吗?或者你是被小孩当掉、需要重修的父母,或是根本就被"退学"呢?

~4~

观念篇　若是父母也有"试用期"

这并不是要求天下的父母都要完美无缺，因为人根本不可能完美；也不是要求在成为父母的那一刻，马上知道如何当父母。但是，就因为父母真的是很辛苦的职业，而且还是终身职，才更要尽力地学习如何当父母、谨慎地教养小孩。

"应用行为分析论"常常强调：When you choose the behavior, you choose the consequences.（当你选择行为的同时，你也选择了结果。）因此，使用适当的方法来教养孩子的工作，今日不做，明日就会后悔！

爸妈的 HOME WORK

拿出纸笔来帮自己打分数，评分项目包括：陪伴的时间、管教的合理性、爱心、耐心、包容、和蔼。如果你是你自己的小孩，会给做父母的你打几分呢？

教Baby真Easy

亲子互动的重要元素

　　爱心、耐心、包容与和蔼是良好亲子互动的重要元素。作为父母的你具备了哪些呢?

　　阳光、空气、水、养分,是培养植物的必备条件;然而,建立良好亲子关系的必备条件又是哪些呢?参考了许多教育工作者的经验后,我认同爱心、耐心、包容与和蔼是良好亲子互动的重要元素。作为父母的你具备了哪些呢?

　　当你不断地抱怨你的小孩哪里不好、哪里不对的时候,是否想过自己有多好呢?

　　小孩是你生、你养的,当他做出你不希望出现的行为时,就是提供他一个新的学习机会。你的语气要冷静、诚恳;记得用你的爱心跟耐心来教他,用包容与和蔼的态度来引导他。

　　要让小孩子体会你的爱;当他知道在家庭里可以得到足够的爱时,他才不会随便在外面找人爱。

　　有些父母亲对我说,当他们见到小孩的一些不当行为时,就是会忍不住地想骂他们。《圣经》里提醒人们:"要慢慢生气";当你慢慢生气时,你就会有多一点时间去思考,用更好的办法来与小孩沟通。这是父母及老师都很受用的一个观点。尤其是处于叛逆期的小孩,是会有很多点子让你头昏眼花的;你更要有足够的耐心,陪他度过这段必须经历许多冲击的时期。

包容也是非常重要的。尤其在孩子的青少年时期，总会有各式各样让你傻眼的行为。比方说，孩子可能会想要把头发剪得像是狗啃的，可是他却觉得是流行；喜欢把头发染成你想都没有想过的颜色，或是硬要把裤子挖个破洞。这时，应该包容他、体谅他这种想跟大家一样或是跟大家都不一样的心态。

所以，不要因为一点小事而破坏了你们的感情。事实上，有很多行为都是一时的——孩子不可能永远把头发剪得奇形怪状，也不可能永远都想要穿着破裤，或是未来还染着红色的头发去上班。所以，只要不会伤害自己或别人，我个人认为应该尊重孩子的选择。想想自己年轻的时候，不也想要跟随流行吗？

当然，很多家长可能会担心，若是都不提醒孩子，不就摆明放任他们？这的确是个值得思考的问题。

我要先提醒家长，跟孩子讨论关于他的事情时先想想看，你跟他的关系有多好？有好到他愿意听你的吗？会不会谈过之后，他不只不改善，反而变本加厉？另一个重点是，当你要说他不好或不对时，回想一下你上一次何时说过他好？若是你每次开口就是要说孩子的不对跟不好，他应该不会太想跟你说话。

和蔼的态度更是重要。你在成长的过程中，是否曾经做过一些事情，因为怕爸妈骂而不敢说？我相信，身为父母亲的你，一定不希望自己在孩子眼中是这样的父母亲吧？从孩子小时候便一贯保持和蔼的态度，是让你的孩子愿意跟你沟通的重要因素呵！

我相信，若是你能够从小运用爱心、耐心、包容与和蔼这样的模式与孩子互动，你就不用担心孩子不想听你为他好的叮咛；因为，你们之间的互动良好，他也就更能接受你的建议。所以，在父母亲的爱心、耐心、包容与和蔼浇灌下，相信孩子们更能顺利地成长、茁壮。

爸妈的 HOME WORK

当你遇到孩子做的事情让你很不开心，甚至气得想打他的时候，请先深呼吸，然后假装你今天生日吹蜡烛——吐气；这样的动作重复五次后再来处理孩子的事。你也可以教孩子用这个方法来处理自己的情绪呵！

观念篇　等你长大后就知道痛苦？

等你长大后就知道痛苦？

你是否曾经对你的小孩说过："没关系，等你长大后就知道痛苦！"他当然会知道，因为你没教他如何学习快乐，而是学习痛苦。

孩子小时候总是那么纯真可爱；可是，怎么会越大越怪、越不开心、越让人不了解呢？

你有没有想过，我们在日常生活中，是怎样一点一滴地教导孩子不开心的事多于开心的事？你是否教导他去思考不开心的事，胜过教他如何让自己开心？

或许你会说：因为我自己都不知道怎样让自己开心……

我相信，做父母或老师的都不会故意让自己的孩子或学生过得不好，可是却不小心地让他们养成了不开心的习惯。

在学校的课程里，同学曾请来一位精神科医生Dr.William F.Pettit，他分享了很多他的经验；其中有一个很重要的概念，就是重新设定你的心灵（reprogram your mind）。有些事情，我们都习惯性地担心及负面思考；但是，越思考，这个想法就越占据你的人生，越伤害你。

我们不止自己这样，还常常灌输我们的小孩这样的思考方式。你是否曾经对你的小孩说过："没关系，等你长大后就知道痛苦！"他当然会知道，因为你没教他如何学习快乐，而是学习

教Baby真Easy

痛苦。

所以,父母是否应该重新设定自己的思考方式,先让自己养成正面思维的习惯,然后也教你的小孩多一点正面思考,这样他们才能活得快乐。

爸妈的 HOME WORK

回想一下,你这星期大多是怎么跟你的孩子说话的?是温和地交谈,还是骂他、打他?若是你的孩子做出你所不喜欢的行为,请用行为分析的技巧(详见应用篇),分析他行为背后的功能是什么(得到想要的、逃脱、避免、得到注意力)?

※※※※※※※※※※※※※※※※※※※※※※※※※※※※※※※※

....

....

....

....

....

※※※※※※※※※※※※※※※※※※※※※※※※※※※※※※※※

你的孩子快乐吗？

许多家长都在努力栽培孩子，要他们学这个、学那个，可是我的美国同学却很疑惑：奇怪，你们台湾来的小小孩，怎么好多都皱着眉头？他们看起来好不快乐呵！

有很多家长在孩子很小的时候就开始认真地帮孩子规划他们的未来。

当这些家长跟我谈论他们要怎样栽培他们的小孩以及考虑怎样的未来才会让他们的孩子有出息时，我常会反问这些家长："你的小孩快乐吗？"

听懂的家长，后来往往会修改他们的计划；因为他们发现，不管孩子接受多么好的教育或是学了多少才艺，如果他们不觉得快乐，这样的安排便失去了意义，也并非家长的本意。

想想看，你为何希望孩子受最好的教育，又要学很多才艺？或许是因为你希望孩子可以因他们自己的表现而感到快乐吧？可是，当这些事情已经变成压力而不会让孩子们觉得开心时，是不是已经本末倒置了？

在努力栽培孩子时，千万不要忽视他们对快乐的需要；否则，就像我几个好朋友的小孩给我美国同学的印象：奇怪，你们台湾来的小小孩，怎么好多都皱着眉头？他们看起来好不快乐呵！难道他们的父母不关心吗？

我心虚地对我同学说,在我生活的社会里,大部分的家长比较关心的,是他的小孩能不能认真学习、高人一等;我比较少听到父母希望自己的小孩比别人快乐的……

用心良苦、努力栽培下一代的家长们,让我们的下一代在快乐中学习真的很重要;没有了快乐,再有成就都可能毫无意义……

爸妈的 HOME WORK

观察一下,你的孩子常常有笑容,还是面无表情,甚至皱眉头?请记录:你的孩子都在怎样的情境里有笑容?在怎样的情境里不快乐?平时请在孩子开心笑的时候也对他笑,肯定他快乐的情绪。

_____

_____

_____

_____

_____

你还骑着三轮车吗?

> 想想看,当你的小孩拥有奔驰车的配备时,若是当父母的我们没有跟着他们一起进步,不就像骑着三轮车在追赶奔驰车吗?

我常在演讲时把我们这一代的父母比喻成"三轮车"世代。

我们父母的那个年代物资缺乏,所以母亲在怀孕时没有像现在有这样多的营养品可以补充,对胎儿也并没有所谓的胎教;生下我们以后,大概也都是照祖先的古法来养,很少注意到充分的营养或是良好的学习环境。所以,我们的配备就像是三轮车。

可是,我们所生出来的这一代新新人类,可都是天之骄子或骄女呵!打从娘胎起就有胎教,母亲也有很好的营养补充品;孩子生出来之后,就有一大堆的奶粉及米麦精等营养补充品,来协助他们发展脑力、体力;坊间还推出了许多幼儿教学影带。所以,我比喻这一代的小孩是奔驰车的配备。

想想看,当你的小孩拥有奔驰车的配备时,若是当父母的我们没有跟着他们一起进步,不就像骑着三轮车在追赶奔驰车吗?因此,当许多家长做了很多努力来避免小孩输在起跑点上时,更要反观自己:是不是输在起跑点上的家长?因为,当小孩具有优势、可以好好发展时,父母的教育方法也要跟着时代

教Baby真Easy

进步；否则，你将会变成阻挡孩子以其优质能力往前跑的阻力之一！

所以，除了安排孩子学习的同时，不要忘记自己也要随时学习如何与他们互动，以及合适他们的教育法！

爸妈的 HOME WORK

你跟你孩子互动的方法，大多是来自你以前父母教你的方法，还是跟朋友学的，或是看书学来的？你曾经参加过任何亲子互动的课程吗？请再试着阅读其他的亲子教育相关书籍。

想教育孩子，为什么不看书？

有些家长宁可花时间在骂小孩上面，却不知现在早就有至少一百种以上可以协助小孩子的方法，根本不需要打骂。

我常在想，若是现在人家给你一条猪要你把它养大，没有经验的人应该会想买本书来看看该怎么养，或是请教别人要怎样养，或是上网查资料，这样才会知道该如何照顾猪的吃住等细节。

但奇怪的是，我们明知道养小孩其实比养猪还有更多细节要注意，可是买书来看的人却不太多。

其实，养小孩有很多的黄金时期，若是好好把握，对于小孩子的智力、生活习惯以及人际互动的教育，都会有良好的效果。可惜，有些家长宁可花时间在骂小孩上面，却不知现在早就有至少一百种以上可以协助小孩子的方法，根本不需要打骂。何况，打骂小孩常只有短期的效果，让这些不被期望的行为暂时停止而已，一点都无法起到矫正的作用；而且，打骂小孩还是一种非常负面的语言与行为的暴力示范。

我非常建议家里有小孩的家长们，有空到书店逛逛，看看最近出版的书里有哪些教养小孩的新理念；有些新方法真的能协助教养小孩，让你事半功倍。试试看吧！我们的社会在变，小孩在变，教法当然也要跟着变喽！

也有家长可能是因为很困惑,不知道怎样的书才是值得看的,所以就干脆不看书;免得照做之后才发现根本不实际,白白浪费了时间。

我觉得并不需要迷信畅销书。虽然畅销书的确有其与众不同的地方,但更重要的是,必须是你看了之后认同,并觉得自己有能力可以一步步地跟着做,这样的书才是适合自己的。

身为一个现代人,独立的思考能力是很必要的。若是你在这方面真的涉猎不多,不清楚哪种书可以帮助你,不妨上网去看其他人对某本书的评价,正反两面都加以参考;当然,最后做决定的还是你自己喽!

事实上,我个人认为,教育小孩子的方法有千百种,没有哪种一定最好;因为,只要合适,便是最好的。应用行为分析论中,"观察技巧"之所以那么重要,就是因为不管施行哪一种教学方案,执行者都可以使用观察技巧来了解学习者的行为是否如同预期的增多或是减少?或是观察你的孩子,是真的在伤心地哭,还是为了控制你而哭?

千万不要执著地硬要完全按照书上写的来执行;因为,作者在叙述情境时,并没有办法巨细靡遗地将所有可能情形都包含在内。

我个人建议,如果家长有足够的时间,可以先涉猎一些儿童心理学或儿童发展的相关书籍,培养基本概念;因为,这类书上的理论都有一定的依据,而且有些观念百年来的变动幅度不大,比起某些畅销一时的书更值得参考。

有了基本的概念后,您就能站在比较客观的立场来教导小孩;在阅读相关的教养书籍及资讯时,也能更理性地判断适不适合用在你的小孩身上,而进一步加以抉择。

爸妈的 HOME WORK

回想一下,从你的小孩出生到现在,你花多少时间阅读有关亲子互动的资讯与书籍?检视你现在使用的方法,是否可以轻松地让孩子的大部分行为都自动自发?并请再上网参阅有关行为动机的文章。

 教Baby真Easy

都是短视惹的祸

家长往往只在意——他们对孩子使出霹雳手段后，小孩的"不良"行为有没有立即消失；完全不管所产生的后遗症有多大，影响有多深远；也不管那个看似消失的行为，是否转换成另一种形态出现。

我常觉得古人有很多有智慧的话语，比方说"短视近利"这句负面意味的成语。在我们的人生及周遭，便往往可以见到"短视近利"造成的后遗症。

就拿教育来说吧！教育最难的地方是：你觉得正确的措施或行动，若没有想得长远，只是短期的头痛医头、脚痛医脚，久了之后又会产生新的问题。所以你会发现，我们的教育改革永远会招致怨声四起，就是因为没有把人的感觉、心理以及未来的变数都加以考量，因此很难做好。

我常跟家长讨论教养小孩的方法。有时候，听到某些家长的做法简直让我跌破眼镜，不知道该说些什么。

很多家长习惯用欺骗的方法来吓小孩，让孩子因害怕而放弃他们要求的东西。

有些家长则是帮孩子把所有事情都安排好，因为他们觉得这样可以帮小孩节省很多时间。

更有家长干脆替孩子打理生活起居，免得小孩没做好，还是得父母在后面跟着收拾。

还有家长总会用自以为是的方法来处罚孩子，以为这样孩子就会记住教训。

家长往往只在意：他们对孩子使出霹雳手段后，小孩的"不良"行为有没有立即消失，却完全不管所产生的后遗症有多大、影响有多深远；也不管那个看似消失的行为，是否转换成另一种形态出现。例如，在您处罚孩子之后，他再也不跟您顶嘴了，因为他根本不愿再跟您说话；或是他再也不打弟弟了，但是却变得会摔东西。

教育有时候是要将心比心地多用客观的态度，多加思考。若是家长愿意多花一点时间，在决定如何对待小孩以及与小孩互动时多想一下后果，像是一星期后的后果、一个月后的后果、半年后的后果……我想，短视的教育法便会比较少发生。

我投入教育领域已经快十年了，我订立学生的行为方案时还是很少立刻下决定；我会在脑海里沙盘推演，然后跟我的同事进行再确认。因为，行为的塑造一旦没处理好，不只事后要花更多时间矫治，而且有时候会对学生的心理造成负面的影响。

除了阅读相关书籍之外，我也很建议大家上网参考别人的方法。我说"参考"，是因为每个小孩都是不同的个体，别人的鞋未必合适您的小孩；所以，可以将别人成功的方法当作参考的资源。在阅读网络上的资料时，大家也了解一下作者的背景，斟酌其说法客不客观；或是多读几篇，然后将这些方法稍微想象一下，看看适不适合您的小孩。

总之,三思而后行,对于下一代的教育才会有更多好处。

爸妈的 HOME WORK

你的小孩有没有某些行为一再出现?虽然可能只是短暂的一下子,可是过没多久又出现类似的行为?请采取应用行为分析论的 ABCs 技巧(请见"应用篇"),来分析是哪些前因刺激这些行为的发生,又是哪些处理的后果令这些行为不断发生。

此时,表示你之前的方法应该不太合适,所以可能要使用其他方法来协助孩子改善行为了。

老觉得自己的孩子不够好？

　　我的学生有些是有自闭症的学习者，有的严重，有的轻微；有的有暴力倾向，有的会自言自语……您若是觉得自己的孩子不够好，建议您来看看我的学生，看看他们的父母，您就会知道，自己其实很幸福！

　　很多人总爱嫌自己的小孩不够聪明；其实，这是很奇怪的逻辑。小孩是您生养的，他不够聪明，怎么能怪他呢？他没怪您已经很好了！

　　有些人则会嫌生活过得不好，不够轻松。如果您有这种想法，不妨来看看我的学生及家长们。

　　我的学生有些是有自闭症的学习者，有的严重，有的轻微；有的有暴力倾向，有的会自言自语；有的聪明到让您无法跟他对话，觉得骑虎难下；有的可爱到让您觉得天使也不过如此，但他就是不会说话……

　　在我的眼中，他们都是宝贝；但是，在他们的家庭里，他们的确会让家人心力交瘁；若不是很有耐心跟爱心，真的很难陪伴这样的小孩。

　　而且，更令人担心的是，一旦没有接受合适的协助，等孩子到了青春期之后，由于变高、变壮了，家长要继续带这样的孩子，就显得更加吃力了。

教Baby真Easy

　　我对于学生的家长们都很尊敬；我觉得，我们再怎么认真都没有他们来得辛苦！我们即使一天工作十二小时，一星期工作五天，总还有许多休息的时间；可是，这些做家长的却没有片刻可以休息，时刻都得为他们的孩子操心。

　　所以，您若是觉得孩子不够好或是生活过得不好，建议您来看看我的学生，看看他们的父母，您就会知道，自己其实很幸福！

爸妈的 HOME WORK

　　你最近称赞你孩子的句子多，还是觉得他不够好的时候多？请写下你希望孩子改善的两件事，将你的期望告诉他；每次只要他大致做对了，便给予称赞。你将会发现，你期待的行为会越来越常出现。

观 念 篇　怪力乱神骗小孩？

怪力乱神骗小孩？

"外面有'魔神仔',你出去的话,会被吃掉!""你不睡觉,虎姑婆会来吃你呵!"这样被吓大的小孩其实会很没安全感……

记得我小时候,长辈们为了方便让我们乖乖听话,会用一些怪力乱神的说法来哄骗我们。

比方说,他们不希望我们晚上跑出去,就会说:"外面有'魔神仔',你出去的话,会被吃掉!"

若是不睡觉,他们可能会说:"你不睡觉,虎姑婆会来吃你呵!"

我想,很多人对这样的话一定都不陌生;所以,当他们自己有小孩之后,他们也会用这样的话来哄骗小孩。

不过,这样被吓大的小孩其实会很没有安全感;因为,那种鬼怪的印象会一直烙在心中,见到黑暗可能就会联想到鬼怪。其实,小孩子懂得的事情远比大人想象的还多;大人老用哄骗或"恐吓"的方法,只会教出没有安全感以及不信任父母的下一代。

此外,当您的小孩有一天开始说谎的时候,您也不要感到讶异;因为,是您在他们小时候使用那种不切实际的方法欺骗他们,成为他们说谎行为的启蒙与示范。

教Baby真Easy

千万不要用双重标准看待您自己和孩子的说谎行为,自以为您说的都是善意的谎言,小孩则是恶意欺骗。他们小时候哪里分得出善意或恶意呢?他们只知道,大人不想让他们做的,就会使出怪力乱神加威胁的手段;因此,长大以后,他们不想让你们知道的,自然也会来个善意的隐瞒加欺骗。

我在协助父母教养幼儿时,都会建议他们,不管孩子多小,有很多事情都要一边做,一边跟他们讲解;听得多了,他们就能理解了。同样地,不希望孩子做的事情,也可以将您的理由——是基于安全考量或其他合理的缘故——解说给他们听。

现在的小孩真的很聪明,应该将他们当作大人一般尊重及教育。目前,教育界及心理学界已研究出相当多教导孩子的方法,家长们都可以参考运用。请大家务必用成熟的态度对待您的小孩,这样他们才会发展出健康的人格。

爸妈的 HOME WORK

当你的孩子不愿听话时,你是用恐怖的事情吓唬他,还是使用应用行为分析的技巧,耐心地跟他讲解?

请用 ABCs 记录孩子何时、何地、什么对象、什么事情让他不配合?找出孩子不配合的原因,了解孩子是因为不知

观念篇　怪力乱神骗小孩？

道如何配合，还是没有能力，或缺乏动机配合？再依不配合的原因引导孩子。

 教Baby真Easy

要尊重孩子

> 我认为老师的角色就是协助学生学习的人，我只是比我的学生学得早、学得多，但不代表他不如我。

我想，老师与家长非常需要注意的一点是：要尊重我们的学生或小孩，就像你尊重其他成人一般。

在我们的社会里，孩子的人权总是容易被忽略。很多人可能觉得，这些小不点儿不过就只是个孩子，大人为什么要对他们以礼相待？但是，在我的眼中，小孩子也是一个个独立的个体，有感觉，有情绪，有思考能力，他们也可以是我的老师、我的朋友。

教学的这些年来，我认为自己的角色就是协助学生学习的人；我只是比我的学生学得早、学得多，但不代表他不如我。所以，我对学生总是非常客气；"请""谢谢""对不起""麻烦你"等用语，都是我常常挂在嘴边的。

其实，"闻道有先后，术业有专攻"；当老师的只是此时在某个主题上会比学生多一些，学生也有些拿手的项目或知识是我们不懂的。他们年纪虽然小，我们却不能小看任何一个人；再给他们十年或是二十年，他们未来说不定会是杰出的科学家、工程师、优秀的老师或是伟大的父母。所以，不要老是认为你的学生不如你或是矮化你的学生；我想，尊重每个人都是很重要的，不论他是谁。

观念篇　要尊重孩子

　　我的一些学生虽然年纪很小，但是他们自尊心很强；所以，当你让他们很丢脸的时候，他们会加倍回报你——故意使坏，让你对他们很头痛，因为你伤到他的自尊心。所以，对小孩要跟对待成人一样地尊重，因为他们也有自尊心，也爱面子。

　　我们应该常常想到孔子所说的："己所不欲，勿施于人。"只要你不希望你的老师或是你的父母这样对待你，就不要这样对待自己的学生或小孩。每个人都有尊严，那是不分年龄的；只要多一点将心比心，你的学生跟小孩就会很爱你、很尊敬你。请给你身边的小孩多一点尊重；只要多一点尊重与关心，他们会因为你而不同。

爸妈的 HOME WORK

　　你最近有对孩子做出你不希望别人对你做的事情吗？写下你最近一星期内对孩子所做的、你不希望别人对你做的事情（比如对他说话大呼小叫、当别人的面说他的不对），并写下你希望别人怎么待你，请你也这样对你的孩子。

 教Baby真Easy

孩子听得懂吗？

有些家长会担心，他们要求孩子时，孩子好像似懂非懂，或是孩子不会完整地表达自己要什么。这该怎么办？

我的好朋友有一天打电话来跟我说："天啊！我儿子才一岁多，他真的知道我跟他的条件交换耶！"他接下来便说明经过。那天，他那一岁半的儿子想去厨房看妈妈做菜，可是已经到了他的洗澡时间；所以，我朋友便带他去浴室洗澡。不过，小孩坐在浴盆里一副不开心的样子；除了啜泣外，还拒绝洗澡。

后来，我朋友想起我说的一些原则，就对他儿子说："你先好好洗完澡，洗好后就可以到厨房去看妈妈煮饭。"他说，他儿子一听到"厨房"这两个字，就开始自己动手洗，还洗得很认真，让我朋友当场傻眼：小孩真的听得懂耶！我告诉他，小孩本来就听懂啊，他们只是还不能具体完整地清楚说出他们的想法罢了。

有些家长会担心，他们要求小孩时，孩子好像似懂非懂，或是孩子不会完整地表达自己要什么。所以，我们在设计教案时，常会使用很多图片协助还无法完整表达自己意愿或想法的学习者来与我们互动；可以使用图片明确地让学习者知道我们对他的期待，以及当他可以完成我们的期待时所能得到的结果。

我们会设计一种上面有两个空格的卡片，前面一个空格的上面写着"先"（First），第二个空格则是"然后"（Then）。我们

观念篇 孩子听得懂吗?

把想要他做的事情作成图档后剪下来,然后贴在第一个空格上,并把他可以获得的结果贴在第二个空格。

第二个空格的结果,在某些情况下,也可以让学习者自己在所列图档上选择他想要得到的。小孩子常常喜欢自己选择;只要他所选的是在你所希望及允许的范围内,大可以放心地让他们自己选择。

其实,与孩子的互动方式成千上万,而有效的互动可以节省很多不必要的挫折与时间。当然,前提是,不论各位爸妈使用哪种方式对待孩子,都要像是对待成人一样地尊重他们,千万要说话算话,这样才能建立起有效的教养品质与良好的亲子关系!

爸妈的 HOME WORK

观察你自己,有没有经常在孩子面前向其他人数落他的不是?若有,请您调整你的习惯呀!请尽量在你小孩面前向其他人叙述他做得很棒的事;若你真要责备你的孩子,请私下跟他讨论。

教Baby真Easy

谁教孩子撒谎？

很多大人都误以为小孩子不懂事，所以做父母的撒谎没关系；却不知道，小孩子的言行就在大人的哄骗下成形了。

很多家长常跟我抱怨他们的孩子有撒谎的习惯，他们很气愤地说："怎么会说谎呢？我从来没有教他这样做呀！"

其实，严格来说，孩子之所以会撒谎，有可能是从小就看着父母示范如何撒谎。

父母常以为，反正小孩子不懂事，偶尔哄哄他们，小小地撒个谎，图个方便应该没关系。所以，当小孩哭闹时就欺骗小孩说："你再哭，警察（或是坏人）就会把你带走呵！"甚至在台湾的学校里，我也听过老师对学生说："你再不写功课，就让警察带你去警察局。"诸如此类哄骗式的威胁，比比皆是。

这算不算在示范说谎给小孩子看？很多大人都误以为小孩子不懂事，所以做父母的撒谎没关系；却不知道，小孩子的言行就在大人的哄骗下成形了。

就如同我一位已为人父的好友说的，小孩子会慢慢学会用说谎来应付他处理不来的情境；就好像是那些不知该如何处理不愿配合的学生而只好说谎的老师，以及不知该如何处理哭闹的小孩而只好哄骗的家长……

我听过我好朋友告诉过我，他那被哄骗长大的小孩，因害怕拿

观念篇 谁教孩子撒谎?

回来的成绩又不如哥哥而说的谎言,真的教人叹为观止。这孩子担心他考试的成绩不能让父母满意,当考卷拿回来时,就跟妈妈说:"妈,这不是我的考卷啦!不知道谁在这考卷上写了我的名字,结果老师就认为这是我的考卷……"这孩子才小学一年级呢!

小孩子并不一定是因为害怕家长打骂而产生说谎行为,朋友的这个孩子并不怕我朋友打骂;他怕的是他不如他优秀的哥哥。因为,我朋友总会拿这孩子的成绩跟他哥哥比:"哎哟,你哥哥当年都是考满分耶……"

我想,老师及家长在要求小孩诚实时,都应该以身作则吧!否则,真的很难让你的孩子信服;尤其现在的小孩相当冰雪聪明,而且还会有样学样呢!

爸妈的 HOME WORK

检视一下你自己,最近一星期内,是否有在小孩面前说谎,或哄骗你的小孩;或是为了方便,当着你孩子的面向你的朋友或是其他家人说谎?

教Baby真Easy

孩子的角色范本

有一位父亲，只要小孩子不听话就大声吼叫，后来小孩也用吼叫回应。所以，每位家长都要很小心你的一举一动、一字一语；因为，不论小孩有多小，你的一言一行他们都看在眼中……

在美国有一个节目叫做"Nanny 911　保姆911"，主要是针对有些亲子关系很糟的家庭，像是父母管不了小孩，母亲控制欲强到影响小孩的正常成长，或是父母亲不知道如何教导小朋友的生活秩序等等问题，当事人就可以寻求协助。在这个节目里面，有几位拥有十多年乃至二十多年经验的保姆，会利用一星期的时间来协助求助者。

在节目里面，这些保姆都会先跟家长们沟通，追根究底；有时候，其实就是父母作了很多的负面示范而不自知。比方说，有一次的状况是：有一位父亲，只要小孩子不听话就大声吼叫，后来小孩也用吼叫回应。但是，因为父亲比较强壮，所以他就会一直吼，要小孩安静地听他说；若是小孩不从，他就把他捉起来压在沙发上，甚至做出威胁要殴打小孩的动作。

其实，旁观者清；我们一看就知道，这位父亲在示范大声吼叫而且暴力的行为，却要自己的儿子温文儒雅。要知道，父母的一言一行，就是孩子的角色范本（role model）。

节目中的专业保姆便要求这位父亲改掉吼叫的习惯;父亲却说:"我没有吼叫,我只是大声说话。"但问题就在于,不论是大声说话或是吼叫,一点儿都无法改善他儿子的暴力行为。他后来终于愿意接受资深专业保姆的建议,多跟小孩相处,并在相处过程中多鼓励他儿子的正面行为。如此一来,反而有了很好的效果——在他开始显现柔和的一面后,他的儿子也开始模仿温和的表达方式。

所以,每位家长都要很小心你的一举一动、一字一语;因为,不论小孩有多小,你的一言一行他们都看在眼中……

爸妈的 HOME WORK

观察并写下你所不喜欢的、孩子所做的行为,然后再观察并写下你自己是否有类似的言行举止?

....
....
....
....

为何小孩越来越不配合？

有的家长为了一时方便，顺口答应小孩的要求以得到孩子的配合，事后却有意无意地忘记了。可是，你忘得了，小孩可忘不了啊！

许多家长往往会发现，他们的小孩怎么越来越不配合父母的要求。

当然，小孩子不配合牵涉到很多的变因；不过，有些个案经过我的观察跟访谈后，发现是家长跟小孩的互动方法出了状况。

比方说，有的家长为了一时方便，顺口答应小孩的要求以得到孩子的配合。然而，家长事后想想，这样的要求其实是他们无法办到的；而且小孩已经配合了，所以他们就把这样的事情有意无意地忘记了。

可是，你忘得了，你的小孩可忘不了啊！当他们年纪小时，可能还不知其所以；年复一年之后，他就看出你是个不守信用的父母。就算是再笨的小孩，难道还会让你一而再、再而三用同样的方式欺骗吗？如同我们每个月帮我们的老板努力工作，可是老板就是不给你薪水，请问你还会相信你的老板吗？若是你不会相信，你怎么要求你的小孩相信你呢？

而且，人的大脑有连结过去往事的能力。当你还要继续跟孩子以条件交换的方法来要求他们配合时,他的脑袋里面常常会连结过去你欺骗他们、不守信用的画面;接下来,他们的情绪多少会产生怨恨、愤怒的反应。

所以,他们有时候越来越叛逆不是没有原因的;可是,因为他们没有学过心理学,所以无法很具体地将自己抽象的情绪转换成语言或是文字。久而久之就会发现,你跟小孩的距离越来越远了!

家长是孩子的模范;当我们希望教出诚正信实的下一代时,请家长自己也要做到诚正信实。身教永远是最好的老师!

爸妈的 HOME WORK

写下你答应孩子的事情,将你有做到的打勾;请检查一下,你对你孩子开出的"支票"是否都兑现了?若是你常常爽约,是否会发现,当你提出条件要跟你孩子交换时,你的孩子越来越不愿意跟你配合?你该如何改善?

※※※※※※※※※※※※※※※※※※※※※※※※※※※※※※※※※※※※※※※

——————————————————————————————

※※※※※※※※※※※※※※※※※※※※※※※※※※※※※※※※※※※※※※※

——————————————————————————————

教Baby真Easy

孩子的模仿秀

我喝水时，习惯直接拿着塑料瓶往嘴巴灌；想不到，在一旁的外甥竟然要把他的奶瓶盖转开，因为他要像我一样用灌的。

模仿是孩子成长过程中非常重要的学习机制；需要藉由这样的能力，孩子才无须让大人每件事情都一一教起。

虽然大家都知道模仿的重要性与影响力，可是，家长们真的知道孩子的模仿能力有多强吗？

就以我的小外甥为例吧。有一天，我正在看电视，电视正上演着小孩子在课堂里捣蛋尖叫的镜头；他在看到电视里的小朋友尖叫后大约两三秒，马上就对着电视荧幕尖叫，而且非常开心地看着我。

我因为受过训练，所以对于他这样想要引起我注意的尖叫，便故意不去理会，假装埋头写字，但我用眼睛的余光观察他；他那种想引起注意的行为，在看到我没有反应之后，就再也没有发生了。

还有一次，因为我喝水时习惯拿着塑料瓶就往嘴巴灌；想不到，在一旁的外甥竟然要把他的奶瓶盖转开，因为他要像我一样用灌的。当场吓得我赶快去拿杯子来喝水。哈哈，小孩子真的是大人的镜子啊！

我在美国时也发生了同样的情形。我有一个具自闭症特质的六岁学生，平常我们都以为他不理会别人，不注意别人；可是，当他见到我直接拿起塑料瓶喝水时，那天他也不想用茶杯喝水，然后学我拿起瓶子直接灌。

当我见到他拿起瓶子喝水时，我觉得不合适，所以直接伸手要阻止他；他竟然给了我一个很难得的眼神接触（很多具有自闭症特质的学习者是不跟其他人四目交接的，我学生也是这样的学习者）。他认真地望着我，仿佛用眼睛对我说："咦？你不是也用瓶子喝水吗？"我当下有点尴尬，因为是自己的示范让他有样学样的。

另一件让我印象深刻的事情是，有一回，我的母亲把浴巾甩到肩膀上要拿出去晒；几秒钟内，我那一岁五个月的外甥马上如法炮制，顺手拿起他的小毛巾就甩在肩上。这样的行为，看在我这学教育的人眼里真的是叹为观止啊！

所以，千万不要低估小小孩的模仿能力，你的一言一行都会被他们拷贝呵！

爸妈的 HOME WORK

检视一下，孩子这星期有没有发展出一些你并没有教他

的新行为？若有，表示他正在观察你以及身边的人，并使用他的模仿能力在学习。你可以善用他的模仿能力，让他陪你一起做家事或学习阅读等好习惯。

矛盾的教育观念

有一个女性朋友常在其他小孩面前数落她自己的女儿。我朋友就对她说:"请尊重你女儿,不要在众人面前让她难堪比较好。"想不到,这位女性朋友却不在意地说……

我身边一些有小孩的朋友,在我的影响之下,慢慢地使用对待成人的方法对待小孩,尊重小孩;所以,当他们见到其他朋友欺骗或是恐吓小孩时,我的朋友们就会跟对方分享,希望他们把小孩当作成人对待。

我的好朋友跟我提到一个他遇上的例子。他有一个女性朋友常在其他小孩面前数落她自己的女儿,我朋友就对她说:"请尊重你女儿,不要在众人面前让她难堪比较好。"

他这位女性朋友却不在意地说:"哎呀!她才一岁多,懂什么啊?"

我的好朋友接着又说,每次当小女孩不肯睡觉时,她的妈妈就会吓她:"你不睡觉的话,可怕的蛇就会跑进你的衣服里去咬你哟!"

她的小孩因为很害怕,所以就会赶快睡了。我朋友不解地对我说:"天啊!她怎么可以这样吓小孩?"

我说,那样的教法不只不合适,而且她的想法有点矛盾。她一方面认为,小孩子年纪那样小什么都不懂,所以在别人面

教Baby真Easy

前数落她也没关系；可是，若是她觉得小孩不懂，又怎会用这种恐吓的方法来强迫她女儿睡觉，小孩又怎会因为怕蛇咬她就乖乖睡呢？

类似这样对待幼儿的做法其实很普遍。当您在教育孩子的时候，不妨想一想，自己是否也使用了想法矛盾的教育方式而不自知呢？千万不要以为小孩子还小，不会懂；一旦等他懂事，知道父母原来只是吓唬自己，孩子还会信任你吗？

爸妈的 HOME WORK

思考一下，这星期你跟你的小孩的互动，是把他当作一个被尊重的个体，礼貌、温和地对待他，还是威胁、吓唬他？

....
....
....
....
....

教孩子收拾玩具

当你跟小孩说"把玩具好好收起来"时,幼儿却很疑惑:怎样才叫做"好好收起来"?怎样才叫做"收拾整齐"?

我的外甥才二十个月时,收拾自己玩过的玩具早就是每天的例行事项;因为,这是学习自我管理的好机会——自己玩过的玩具散落得乱七八糟,当然要自己好好管理,放回原处喽!

不过,因为幼儿有时候对于大人叙述的动作及标准会弄不清楚,所以我都会提醒家长要示范他们所期望的行为给小孩看。当你跟小孩说"把玩具好好收起来"时,幼儿可能很疑惑怎样才叫做"好好收起来",怎样才叫做"收拾整齐";因此,大人若是可以在旁示范,这样就会很具体。幼儿了解了你的意思之后,就知道该怎样做了。

千万不要对小孩子大吼大叫地说他没收好,还抱怨说已经讲过几百次,他们就是不会做。当你发现孩子的表现老是跟你的期待有差距时,不应只是单方面地责备孩子,其实有可能是你们之间的认知有差距。

所以,请家长在发出指令后,一定要把你所期待的做法示范给孩子们看;必要时,甚至可以将整理好的东西拍照后贴在玩具摆放所在的旁边,让他们一开始要建立这样的行为时,便能很容易地看见你的期待喽!如此一来,应该可以省去很多家

长与小孩因相互误解而生气的时间。

爸妈的 HOME WORK

孩子玩过的玩具，都是你帮他收拾，还是你们一起收？若是孩子还很小，可以让他一次拿出一两样玩具；玩好之后，你可以抱着他一起把玩具放回去，然后再选择下一个要玩的玩具。

观念篇 让孩子一直"可爱"

让孩子一直"可爱"

我有不少朋友总是抱怨,他们的小孩明明小时候那样可爱,怎会长大后变得让人觉得"束手无策"……

有很多家长问我,我们老是用奖励品跟言语的夸赞来教小孩,会不会让他们没了这些外来的东西就不学习了?

我在《让鸽子最疯狂的增强计划》(见"应用篇")一文中提到,增强用的奖励品是应该渐渐地淡化(fading),而且从持续性的增强,过渡到中断性的不固定比率增强。然而,最终的重点是,我们要让学习者学会自我管理,因为他们不可能身边总是有人为他们加油打气及管理他们。在学习者渐渐确立行为后,我们便须开始让他们自己使用奖励品规划自己的行事。

我自己也会使用这样的管理方式。我当然也有一些不喜欢做的事情,所以,我会要求我自己先做一小时这些不喜欢的工作,然后我可以做十五分钟我喜欢的事,或是吃点我爱吃的东西。

我想,这社会已经不再只是聪明的人才能活得自在;而是了解自己、知道如何自我管理的人,可以让自己的生活更自在而不影响大局。

我有不少朋友总是抱怨,他们的小孩明明小时候那样可爱,怎会长大后变得让人觉得"束手无策";有的玩电脑或是打电动

玩得不眠不休，无法克制自己；有些在学校完全无法照常上课或赶上进度，因为上网让他们花掉太多时间。

若是当初能教导小孩们学会自我管理，我想，他们失控的情形应该是可以避免的。所以，从小教导孩子学会自我管理真的很重要；他们年纪小时，你还管得动他们；当他们长大以后，你就再也没办法教他们了。

请在你的孩子小时候多费点心，他们就会一直"可爱"下去的。

爸妈的 HOME WORK

当孩子所建立的行为渐渐稳固了，便逐渐减少提示他的次数；当他独立完成这些事情时，请鼓励他，让他渐渐养成自动自发的习惯。

不要小题大作

当孩子"行为生病"时,若是小症状,父母就尽量不要大惊小怪吧!其实,只要你不过于注意,他过一阵子就不会再这样了。

当我们只是感冒、流鼻涕时,医生绝对不可能一次开四十颗猛药或开刀;因为,猛药跟重大的处理方式,是留着万一有严重症状时才用的。而当我们有点小感冒、小病痛时,因为身体有自愈的能力,我们甚至会让身体自己恢复。

同样地,当我们的小孩"行为生病"时,若是小症状,父母就尽量不要大惊小怪吧!其实,小孩子某些不适当的行为,只要你不过于注意,他过一阵子就不会再这样了。像是头发的颜色、衣着等,这些都是小事,他们不可能永远都把头发染成紫色,也不会永远喜欢在家里又叫又跳。

兄弟姊妹间有一点小口角,也无须大惊小怪,尽量把注意力放在你希望他们表现的行为;几次之后,他们便会了解,怎样的行为会引起你的注意。

所以,小孩只是吃饭的姿势不是很好、吃东西的样子你不喜欢,或是不小心弄坏一点东西,你不需要厉声斥责。

若小孩年纪还小、做的事情有危险性,你应该快速地到他身边,用不会伤害他的方法挡住他的手,停止他的危险动作,

教Baby真Easy

而且表情严肃,借此让他知道事情的严重性,而不是大声叫骂。

你的一言一行都是小孩学习的榜样;想要求你的小孩成为一个文质彬彬的文明人,便要先从要求自己的行为开始。

爸妈的 HOME WORK

你是否花很多的时间在告诉你的小孩该做这个、做那个?想想看,是不是有比一直用嘴巴提醒他们更合适的方法?请写下有可能让孩子有动机配合你的方法,然后执行看看。

奖励"行为"而不是奖励"人"

> 当小孩子完成了某件事情,家长原本可能会跟小孩子说:"你真是太聪明了!"但是,我们会比较建议家长改用其他赞美法……

称赞小孩"好聪明"的结果,在我们的许多研究报告里显示,有许多副作用。

最常见的就是,小孩子太把聪明当成他们最重要的价值。所以,当他们遇到困难或失败时,就误以为自己不聪明,便因此无法面对他们的失败——有的则是干脆不要尝试,因为这样就不会失败了;或者,干脆隐瞒失败。

因此,这些年来,我们建议教育工作者跟家长们,尽量奖励小孩的行为而不是小孩子本身。换句话说,当小孩子完成了某件事情,家长原本可能会跟小孩子说:"你真是太聪明了!"但是,我们会比较建议家长鼓励时使用"我真的很喜欢你完成这工作的努力",或是"你完成这件工作的方式真的很有创意"之类的话语。

从许多研究以及我们实务运用的经验得知,我们在使用奖励这项技巧时,比较偏向奖励该项行为,因为行为是可以控制的;如果这次失败了,可以藉由下次更认真、更努力来达到目标。

但是，一旦让小孩误以为他以前的成功是因为他聪明，当他失败时，就会以为这表示他不聪明了；而聪明或不聪明，这是很难在短期内就改变或是控制的。小孩子可能会因此沮丧，而拒绝再尝试，或是对自己失去了信心。

因此，我们大力建议家长，当孩子表现好的时候，还是尽量奖励行为本身，而不是对人做出评价。

爸妈的 HOME WORK

你在称赞你的小孩时，你是针对他的行为鼓励他说："你这工作做得很赞！"还是对他这个人说："你很赞"？请写下可以称赞孩子的话；请注意，要将称赞放在可控制的因素，比如："哇！你这'工作'实在做得太好了！""你这件'作品'好有创意呵！"

你还在打骂孩子吗？

很多家长小时候被父母打骂的时候，也曾痛苦得不得了；可是说也奇怪，等自己有小孩时，却认为打骂真的是很有用。

我读过一本谈父母效能方面内容的书，其中有一段真的是发人深省。

有一些父母因为缺乏教养孩子的知识与技能，所以只会用咆哮、打骂甚至更过分的方式来约束小孩的行为；该书作者斩钉截铁地认为："这当然不是处罚，因为这是一种暴虐的行为。"

因为父母没有教小孩的技能，在困难无助时便用一些暴虐的行为来伤害自己的小孩，这对孩子是不公平的。家长们不妨想想看，你在教育孩子时，是教导他的时候多还是处罚他的时候多？不要以为只是念念他们而已，谁都不喜欢被念，碎碎念（唠唠叨叨）有时候也会变成一种"言语暴力"呵！

很多家长小时候从自己父母的"示范"中，学习到很多打骂的方法来教育小孩。虽然当年被打被骂的时候，自己觉得痛苦得不得了；可是说也奇怪，等自己有小孩时，却认为父母当年那样的打骂，真的是很有用。

真是如此吗？其实，打骂只是可以暂时制止小孩行为的方

教Baby真Easy

法罢了。

现在，许多训练动物的驯兽师为了避免被控告虐待动物，都不再鞭打动物，还不是一样教得会？比如海洋公园，我就没听过哪个训练师训练海豚时需要打海豚的。你认为，你生出来的小孩会比海豚、小狗、老鼠之类跟我们说不同语言的动物难教吗？

我们在职场里，若有学艺不精或怠惰，可能就被淘汰或解雇了。如果你是孩子们雇来的保姆，请问你觉得自己是不是一个称职的保姆？如果你认为似乎还有一些地方还没有做得很好，恭喜你，这就是你可以学习调整的机会了。

不妨随时注意一些报章杂志或网站上一些亲子互动的新方法，只要选择合适者善加运用，都可以帮助你跟孩子更有效地达到良好的沟通。让你的小孩子活得有自信，才是我们真正要教他们的。

爸妈的 HOME WORK

你最近有打骂小孩吗？想想看，除了打骂，是否还有更适当的方法来协助你的小孩学习？写下孩子喜欢的十种事物，试着对他说："我们来将妈妈／爸爸要求的事情一起完成，完成后我们可以来玩你喜欢的东西（让他先选好）。"

教Baby真Easy

学会说"有用的废话"

当小孩跌倒了,有些父母亲可能会对着小孩说:"都是地板的错,这地板害你跌倒了!"这样的模式,会让小孩误以为……

我们常在跟小孩互动时说了很多废话,训诫他们、责备他们;其实,事情都已经发生了,你就算骂他们或是暴跳如雷,不止对事情没有帮助,还把亲子关系弄得很难堪。

举个例子来说,当你的小孩跌倒了,有些父母亲可能会对着小孩说:"都是地板的错,这地板害你跌倒了!"这样的模式,会让小孩长大后认为,好像所有事都有对错;甚至他的不开心或不舒服,一定是因为某人的错误才造成的。

有些父母则可能对着小孩用力地念起来:"你怎会这样不小心?地是平的耶,连走路都会跌倒!"在这种模式的互动下,久而久之,小孩就会认为自己总是错,所以自己一定是个没能力的人,最后变得一点信心都没有。

若是小孩跌倒或遇到挫折,我们便能针对他的情绪跟他的感觉做反应,小孩跟你的互动可能会好一点;因为,他有时候需要的只是父母亲的一点支持跟谅解。

所以,当孩子跌倒时,你可以体谅他的感觉说:"那一定很痛吧!我们来看看有没有受伤。"或是跟他说:"我知道一定很

观念篇 学会说"有用的废话"

痛。来,我来帮你敷敷,然后我们来涂药。"

只要像这样去关心他的感觉,给他们支持,我相信亲子间的关系一定会更好。

我们的上一代习惯用责备的方法来表达他们的关心,所以,我们常会觉得,遇到困难时干脆都不要跟父母亲说好了,免得还要被骂一顿。既然我们都不希望跟父母亲这样地互动,我们要避免用这样的模式来对待我们的下一代。当你的孩子向你求助时,记得先管好你的嘴巴。

同样是要说出口的一句话,能说得让对方觉得温馨、贴心,是不是比较好呢?我们都有这样的经验:有时候遇到了困难想告诉家人,并不是真的要寻求父母亲的协助,只是想要有人可以了解我们、关心我们。

虽然,父母说的话未必一定能为孩子对症下药;但是,孩子有时候也只是想要你们的谅解跟支持。所以,学会聆听以及说体贴、有用的"废话",也是很重要的呵!

爸妈的 HOME WORK

你最近三天内称赞你的小孩了吗?请记得养成每天至少要称赞孩子一件事的习惯,并记在笔记簿里;一个月后,你

会发现你的孩子进步好多呵!

协助孩子成功

我跟刚从台湾来的学妹讨论某次课程设计上的调整事项时,想不到,学妹竟说出让我印象深刻、具有我们"亚洲特色"的代表性答案……

美国的教育理念有一个跟台湾比较不相同的地方是,台湾好像一定要分出"谁是赢家"。

我记得在台湾求学时,老师都会给我们排名次;有时候其实第一名跟第二名根本就没差多少分,但是还是要分个高下。在美国,通常只要达到老师标准的人,通通可以拿A;也就是说,"第一名"可以不只一个。

我学妹刚从台湾来到美国时,我知道她在台湾教学时有不错的口碑跟教学经验;所以,我就邀请她一起去跟我那些小小学生上课。在课堂里,我的学妹所设计的游戏部分是最受小朋友欢迎的。

因为我并没有跟学妹说明有多少学生,所以她的教具里面只有两套相同的。那天我的学生有三位;也就是说,每次玩游戏时,一定会有一个人若是动作不够快或是反应没跟上,便没办法使用教具回答问题。虽然这样可以刺激小朋友更专注,但也有可能因为某位小朋友先天上比较不喜欢跟别人抢,或是坐的位置比较吃亏,而每次都遭到失败。人若一再地失败,通常

教Baby真Easy

会形成他干脆自我放弃的心态。

　　因此，课程结束后，我跟学妹讨论到学习挫败者的心情与可能造成的结果，学妹的反应让我觉得很耐人寻味。虽然她说的不是我要引导她说出来的答案，却让我深刻体会到，因为她才刚从台湾过来，所以还深受台湾教育文化的影响。因为我也是来自同样的文化，知道有很多基因与环境的影响不是一两年可以改变的。

　　我对学妹说：想想看，若是有一个人每次都挫败，他会有怎样的反应？我学妹说，这个挫败的学生心情应该会很不好。我接下来就跟她讨论，若是如此，像今天的课程设计上可以怎样调整？她想了一下，恍然大悟地对我说："我们不应该有两套教具？"我回答："没错！非常好！"

　　我心里想的是：太好了！快要接近我想要的答案了。

　　想不到，我学妹接着就说出让我印象深刻、具有我们"亚洲特色"的代表性答案。她说："所以，我们应该只准备一套教具，这样就不会只有一个学生挫败而已。"换句话说，就会只有一个赢家、两个失败者；这样一来，失败者就不会孤单喽！我心想：哇！这样的想法真是经典！原来，我小时候不爱念书的原因，就是因为反正考不好的又不只我一个，表现不好也没有什么大不了的。哈哈！

　　我的想法是，我们需要有三套教具，让每个学生可以从自己的教具里面找出答案，而不是去跟别人抢。

　　每个人的教学理念都不一样，我个人目前是比较喜欢让学生在课堂上都能成功；因为，在我的教学理念所认同的是，老师的工作是协助学生成功，协助他达到他的目标。

家长及老师们也不妨思考一下，自己的教养或教学理念是什么呢？

爸妈的 HOME WORK

最近一星期内，有把孩子拿来跟其他小孩比较吗？或只是看重自己孩子的进步与表现？请每星期至少写下两项孩子的进步与优良表现（若是写不出，可能要检视自己的教育模式是否不适合孩子）。

 教Baby真Easy

总是要有人在基层

　　台湾出现许多工作无人想从事的原因，或许就是因为我们从小就教导孩子读书是唯一的出路，为人子女的也背负着父母"望子成龙、望女成凤"的压力与期待；结果，大家都不愿意去从事最基层的工作。

　　我有一次跟师母的儿子聊天；他儿子是地道的ABC，也就是在美国土生土长的中国人。我们聊到对人生与教育的态度；我说，我总是会鼓励我的学弟妹或是我的学生们，找到他们的潜力和强项，加强并予以发挥，才能在所喜欢的领域里面出类拔萃。

　　我师母的儿子听了之后，他的想法则是：这个社会不能要求每个人都出类拔萃，总是要有人在基层。

　　我听了之后颇觉震撼。我们的社会本来就是由各行各业组成的；一个社会要能稳定，也需要每个行业都有人从事。

　　台湾目前出现许多工作无人想从事的原因，或许就是因为我们从小就教导孩子读书是唯一的出路，为人子女的也背负着父母"望子成龙、望女成凤"的压力与期待；结果，大家都不愿意去从事最基层的工作；一来觉得太粗重辛苦，二来没有社会地位。

　　我想起我在台湾东海大学就读时，学校有一个劳作制度，可说是学校的特色与优良传统。所谓的"劳作",就是所有大一新生都要自己打扫学校环境,不假他人之手。虽然学校可以请校工来做这些工作,但学校的想法是,大学生自己打扫自己的学习环境是一种很好的训练。

我觉得自己也是这种训练的受益者。我们当初的工作项目很多;除了基本的扫地、擦洗之外,我记得还扫过厕所,清过水沟,收过厚重的水管……这些工作经验,让我觉得自己可以做很多事情。后来,我大二时还报名去清扫系馆,晚上打工则是在港式餐厅洗几百个油腻腻的碗盘。

这是否就像孔子所说的"吾少也贱,故多能鄙事"?我不知道现在的大学生是不是还做这些事情;不过,因为有这些经验,让我觉得人生很自由,任何事情我们都是有潜力的。美国这里的大学生或是研究生,打工时也都从事各行各业;有的跑到餐厅端盘子,在快餐店打工,在修车厂里面帮忙,或是在超市及百货公司当售货员,即使是医学院的学生也不例外。

我很认同师母儿子的想法;或许,我需要调整以后对学生或是学弟妹的鼓励方向。我可能会跟他们说:"人生不必一定要爬到顶端,只要你从事的工作会让你开心就好了。不论你在什么职位,都要尊重自己的专业,也看重别人的专业;因为,各行各业对我们的社会都是不可或缺的。"

教Baby真Easy

爸妈的 HOME WORK

你曾经想过,要看重自己、也尊重别人吗?请写下三种你觉得自己最不想从事的正当行业,并且想想看,若是没有这三种行业,我们的社会将会变得如何?

有"礼"真好

　　我们一向自认为是"礼仪之邦";但是,有多少台湾家庭的小孩,在小小年纪就学会说话的礼貌?

　　我们常以为美国人非常民主自由,所以总以为他们的师长可能都很放任他们吧!

　　其实,以我在美国从事多年教学的观察发现,原来,人家的民主自由是建构在守法与互相尊重的纪律上。

　　我在幼儿园工作,学生是三到五岁的小孩;许多小孩的家长,在孩子两岁半或三岁左右就开始教小孩说"Yes"(好的)、"Please"(请)、"No, thank you"(不用,谢谢你)。所以,当我问学生:"你要吃点心吗?"他若是要吃,他就会说:"Yes, please."如果他们不要,也会说:"No, thank you."

　　我们一向自认为是"礼仪之邦";但是,我很少看到哪个台湾家庭的小孩,在这样小的年纪就学会这样与其他人互动的。

　　我有一次去一个美国学生家,他那个五岁的小姊姊,看到我在帮学生照相,她便在旁边不断地对我说话;我因为忙着帮我学生录像,没注意这小姊姊在说什么。后来才知道,原来她一直说:"May I picture you guys? May I picture you guys?"(我可以帮你们照相吗?)她用的问句可是非常礼貌的问句呵!

　　我那位四岁的学生,虽然有自闭症的特质,可是他父亲教

教Baby真Easy

他在向别人拿东西时要说"请";所以,我拿糖果给他时,他还会以很可爱的声音说"Please"。他的"Please"常在我脑海回荡着;因为,他并不太会说话,但他竟然会对别人说"请"字。

想一想,我们是否常忽略了一些连不太会说话的四岁孩子都会的事?

爸妈的 HOME WORK

你的小孩已经会说话了吗? 若是会,你有听过他说过"谢谢"或是"请"吗?请立即协助孩子使用这些词汇。

❋❋❋❋❋❋❋❋❋❋❋❋❋❋❋❋❋❋❋❋❋❋

_____

_____

_____

_____

_____

❋❋❋❋❋❋❋❋❋❋❋❋❋❋❋❋❋❋❋❋❋❋

连别人的孩子一起教

我的好朋友抱怨，他儿子的同伴都好霸道、好自私。我劝他连别人的小孩一起教。他却说："我只关心我的小孩，别人的小孩我可管不着。"我诚恳地对他剖析，经我这样一分析可真吓到他了。

我的好朋友有一天打电话跟我讨论他一岁多的儿子的状况。他说，他身旁有一些跟他儿子同年龄的小孩都好霸道、好自私，有时候还会抢他儿子的玩具；他说，幸好他有我当他的军师，所以他觉得将儿子教得很好。

我说，你学了这么多方法，也应该一起教教你朋友的小孩啊！你可以教他们学习轮流玩想玩的玩具，不要抢来抢去。

他说："我只关心我的小孩，别人的小孩怎样我可管不着。"

我诚恳地对他说："你想想，若是只有你的儿子教得好，其他的小孩都不好，难道你不担心孩子到学校以后耳濡目染，模仿他们的行为，最后被同化了，或是被他们欺负？所以，光是你儿子自己好有什么用，他还是会过得不好。"

我这样一分析可真吓到他了，他说："你说得真有道理！那我下次还是连我身边的小朋友一起教好了。"

我们在这个社会中是互动的；若是你有能力，在合理的情况之下，不要忘了也一起关心及教导那些跟你小孩互动的小朋

友，这样大家才能有良好的互动品质，也才能确保你的小孩与其他孩子能相互尊重。

爸妈的 HOME WORK

当你的小孩跟其他小孩一起玩耍时，你有协助其他小孩也一起学习吗？若孩子游戏时互抢喜欢的东西，你可以协助他们轮流使用吗？

❀❀❀❀❀❀❀❀❀❀❀❀❀❀❀❀❀❀❀❀❀❀

....

....

....

....

....

....

....

....

❀❀❀❀❀❀❀❀❀❀❀❀❀❀❀❀❀❀❀❀❀❀

Do what other people do!

> 有一天,我们幼儿园来了一群客人,他们是来教小朋友演戏的;因为是新的经验,小朋友们既兴奋又紧张,又有点手足无措。结果,其中一位小朋友说话了……

我们常会提醒小朋友们,要在一个团体里面配合大家的行为;观察大家在做什么,然后跟着大家一起融入,这样会建立起好的人际关系,藉由观察也可以学到很多事物。

比如,你不知道这首歌的手语要怎样比划,便可以观察其他人怎么做,然后跟着做,慢慢地就能学会了;这样一来,你就不用老是仰赖别人来教你做每件事情。

有一天,我们幼儿园来了一群客人,是话剧社的团员跟他们的教授来教小朋友们演戏;因为是新的经验,小朋友们既兴奋又紧张,又有点手足无措。结果,我们其中一位小朋友说话了,他说:"Just do what other people do!"(跟着其他人做)我们听了蛮感动的,他竟然记得我们教他的大原则。

记得,我在两年前见到这个小朋友时,他在幼儿园里有点特立独行;大家都在玩的时候,他会一个人走来走去检查大家的情形,所以跟其他小朋友合不来,常常孤孤单单一个人,像个独行侠。现在,他显然把我们教他的大原则用到生活里了;所以跟其他的小朋友玩得很好,也很能投入。

我想,我们幼儿园校长的坚持是对的:教会我们的小朋友去跟别人适当地社交互动,这将是小朋友们从幼儿园毕业时所得到的最好礼物。

爸妈的 HOME WORK

你平时有观察其他人在团体里注意什么、关心什么的习惯吗?你有提醒你的孩子,在团体里面要参与其他同侪有兴趣的主题吗?试着跟你的孩子聊他喜欢的话题,然后也让孩子问你所喜欢的话题。

....

....

....

....

....

....

应用篇

如何建立新行为

教Baby真Easy

建立新行为的六个步骤

> 万一小孩不想去上课,或不愿意听从成人的指令,还常常唱反调、发脾气,你知道该带他去看哪一科医生吗?

当小孩肚子痛时,父母都知道要去找肠胃科医生;若是流鼻涕、喉咙痛,我们会去找内科;万一小孩眼睛不舒服,我们会带他们去看眼科……但是,万一小孩不想去上课,或不愿意听从成人的指令,还常常唱反调、发脾气,你知道该带他去看哪一科医生吗?

近几年来,行为师在教育的领域里逐渐扮演重要的角色;这些行为师通常会提供建议与策略,与家长及老师们一起协助小孩建立新行为。

在台湾,行为师目前并不普遍;所以,最好的方法是家长与老师可以具备基本的知识来判断孩子的问题,然后运用合适的方法协助孩子建立新行为。

家长并不一定要变成专家。但是,若能够具有一些有关儿童行为的基本知识,就可以在孩子行为方面患了轻微的"伤风感冒"时,知道病在哪里,以及如何协助小孩在问题轻微时便找到合适的解决方案,而无需等到病入膏肓;那时,就不是行为师可以在短期内解决的了。

基本上,应用行为分析(Applied Behavior Analysis,简称

应用篇 建立新行为的六个步骤

ABA）的使用通常须采取以下步骤。

步骤一

观察是应用行为分析的第一步。

藉由观察，我们通常可以搜集到有关行为功能的资料，所以，针对要处理的行为搜集 ABCs〔A：antecedent（前因）；B：behavior（行为）；C：consequence（后果）〕，可以见到被期待的行为在怎样的情境下最常发生，或是不被期待的行为在如何的情境下会发生，以及怎样的处理会让行为不断发生或是逐渐消失。

藉由观察，还可以知道小孩子喜欢以及不喜欢的人、东西和活动；这些观察得来的资料，可以用来当作日后的增强物或是处罚的依据。所以，具有观察的习惯与敏锐度是很重要的能力，这样才可以搜集到客观的资料。

步骤二

我们通常会将搜集的资料加以分析，借以了解其行为背后的功能为何：为了得到其他人的注意力，逃脱他所面对的情境，躲避即将面对的情境，想得到他想要的东西，或是自我刺激。

步骤三

接下来，我们根据分析的结果，对于有必要减弱的行为或是需要建立的行为及能力（比如七大能力），可以运用技巧加以调整。这些技巧包括：行为塑造（shape）、提示（prompt）、淡

化（fade）、区别性增强替代行为（简称DRA）、区别性增强不相容行为（简称DRI）、区别性增强其他行为（简称DRO）、祖母的原则（Grandma's rule）、视觉提示法（visual prompt）、社交故事（social story）、代币系统（token system）、增强（reinforcement）、减弱（extinction）、缓冲（cushion）等。

步骤四

藉由搜集到的资料，我们会了解所实施的策略是不是适当地协助行为的建立或是减弱与消除。若是方向对了，行为持续往我们期待的方向转变，我们便运用技巧让行为继续保持，甚至到能够类化（generalization）；若是行为并没有依照我们希望的目标改变，我们便需要修改策略。

步骤五

协助小孩在这些你期待他调整的新行为上获得成就感，让他们从正在从事或是学习的事情上获得乐趣，对自己产生正面的感觉。

步骤六

我们逐渐地抽离、淡化自己所扮演的协助角色，让小孩子慢慢独立，去做这些你期待他们新建立的行为；久之，孩子便可完全不需外力，自动自发。

这六个步骤算是很具体的，每位当家长的都应该有能力做

应用篇　建立新行为的六个步骤

到。但是,即使家长学会了这六项步骤,并非从此便可以对教养小孩高枕无忧。现在的家长跟老师们都会感觉到,使用以前的方法来教养现在的小孩似乎很不灵光;这些应用行为分析的技巧与步骤,便是让家长与老师们的工具箱里有更多的配备;当你有需要的时候,就有法宝可以拿出来试试看。

千万不要误以为世界上会有一种特效药,让你的小孩吃了之后就变得完美;教养小孩跟许多工作一样,是具有挑战性而且需要进修的。所以,家长们应该抱持轻松但是谨慎的态度,面对孩子的教养工作。

爸妈的 HOME WORK

准备一本小小的笔记开始观察你的小孩喽!一,先想一个你最近最想要协助你的宝贝建立或是改善的行为;二,记录 ABCs;三,分析行为的功能,找出怎样的规则行为会出现;四,运用之后的技巧来建立行为或是改善行为。

教Baby真Easy

几种不同的增强技巧

如果你的小朋友会用尖叫的方式想要得到你的注意；
如果你的小孩常会玩自己的"小弟弟"，探索自己的身体；
如果你的小朋友不乖乖坐着而是跑来跑去……

对于小朋友的行为，父母可以运用一些增强技巧建立你希望孩子表现的行为模式。我建议父母亲可以为孩子准备一本笔记簿，为你的小朋友设计专属他们的成长方案。

一、设定你的期望（set expectation）

你要让你的宝贝知道哪种行为是你希望他做的；并且要让他知道，如果他做到这样的行为，你会很高兴，他甚至可以得到他喜欢的点心或是小玩具或是小贴纸（等小贴纸集到一定的数目，他可以来换喜欢做的事情，像是打半小时电动玩具或看卡通DVD）。

二、运用区别性增强（differential reinforcement）技巧

这样的技巧，适用于当你想要加强孩子的适当行为，并减少甚至根绝不适当的行为。

比如，你的小朋友若用尖叫的方式要得到你的注意，你当然就不能在他尖叫时理会他；相对地，你只有在他轻轻拍你、

应用篇 几种不同的增强技巧

跟你好好说话时,你才理会他。当然,你要事先让他知道你期待他做的适当行为,而且鼓励他:"当你要我注意你时,爸爸/妈妈喜欢你轻轻拍我。""对了,你这样做得很好,太棒了!"当你一再地鼓励他的良好行为,他那个不被你期待的行为就会渐渐消失。

区别性增强又可分成几种类型:

(一)区别性增强其他行为(differential reinforcement of other behavior),简称 DRO

DRO 的 O 代表的是 other behavior;所以,只要不是跟你设定的目标行为(target behavior)一样的行为,都可以接受。例如,若是孩子的打人行为你不喜欢,而要修改他的打人行为,只要他在设定时间内不打人,即使哭泣也都是可以被接受的。

再举例来说,小孩子会探索自己的身体,有些小男孩便会常玩自己的"小弟弟"。当你不希望你的宝贝每次看电视时就顺便探索自己的身体,你可以告诉他,如果他可以保持双手放在裤子外面,他就可以得到他喜欢的东西。

你还可以用计时的方式来奖励:如果他以前每两分钟就会摸自己一阵子,你可以设定比两分钟"少十秒"的时间来奖励他达到这个目标,这样他比较容易获得成就感,然后愿意继续配合你。这一分五十秒内,只要他的手是放在裤子外面的,他就可以得到他的奖励品。

因此,不管做任何事情,即使是不雅地挖鼻孔,只要这些行为是你当初在一分钟五十秒前没有禁止他的——当然是不具危

险性的,他都可以算达到标准,你就要用力鼓励他:"你真的做到了耶!""爸爸/妈妈好高兴,你真的很努力!"并马上提供他喜欢的东西,然后再重新计算时间。

以此类推,可以将时间订得越来越长;但是,每次都要确定他可以持续地达到你所希望的时间。大约连续几次或执行几天后再加时间,每次加时间以不超过十到十五秒为要,以免进度太快,小朋友们不易达到而放弃。若是那种非常固执的行为,甚至一次只增加五秒以内的长度;万一他没办法达到你希望的时间标准时,你可以再减少。

若是他在规定的时间内摸了自己,你可以提醒他:"请把手放在裤裤外面。"然后重新再设定一分五十秒。若有些行为他马上就知道不应该做而迅速修正,你就不需要口头提醒;不过,仍要重设你的一分五十秒。

(二)区别性增强替代行为(differential reinforcement of alternative behavior),简称 DRA

DRA 的 A 表示 alternative behavior,即替代的行为;顾名思义,就是以你可以接受的行为方式,替代孩子原本的不适当行为。

例如,你不希望他生气时打人,便要协助他找到替代的行为来沟通。所以,当他要对其他人表现他的生气时,你可以教他使用语言跟对方说:"我不喜欢你这样做。"而不是采取打人的方式。

再比方说,若你的小孩想独处时,通常是以打人的方式赶走别人,那你就教他用说的:"请你离开我的房间。"或者:"我想一个人在这里。"或是以手势表示。只要他使用的方法是一种适宜的行为,而且能达到跟他不当行为同样效果的,就叫做替代行为;当他这样做时,他就可以得到奖赏。

因为他那个被接受的行为是得到奖励的,因此,这个合宜行为就会越来越常出现。

回到前面的例子:当你的小朋友忙着读故事书或玩游戏时,就不会去摸自己的身体;所以,你就可以一直奖励他看书、玩游戏等适当的行为。

(三)区别性增强不相容行为(differential reinforcement of incompatible behavior),简称 DRI

DRI 的 I 指的是 incompatible behavior,即不相容的行为;所谓"不相容的行为",是指身体上无法同时执行的动作。

比方说,你两手端着或拿着东西时,你就不能同时去摸自己;因此,两手拿着东西的动作与摸自己,就是一种不相容的行为。因此,若是当他要打人时,你就拿鼓给他敲;打鼓跟打人的动作便是不相容、无法同时存在的。

再举例来说,如果你希望你的小朋友乖乖坐着而不要跑来跑去,你就要奖励他每次"乖乖坐着"的行为。只要他能坐好,他就不会跑来跑去,这两者便是不相容的行为。

总而言之,当一个适当的行为出现时,另一个不适当的行为就不会出现;所以,你只需要去奖励他适当的行为,他的不当行为便没机会出现。

若小朋友没事时就会一直摸自己,你就准备很多玩具在他身边,让他玩到没有时间去摸自己,然后持续地奖励他玩玩具的行为;当他玩玩具的行为增加了,摸自己的行为便会减少了。

爸妈的 HOME WORK

运用其中一个技巧来练习看看,协助你的小孩建立、强化或是减弱行为。

教六个月的小娃学手语

  我所就读的西弗吉尼亚大学医学院附设有托儿中心,里面的小娃足六个月时,照顾者就会开始教导他们手语;原因是……

  对于主修应用行为分析论的人来说,总相信不要忽略任何人的学习能力;因为,任何事情都是可以藉由学习而有成果的。所以,满六个月大的小娃开始学习手语,当然也是有可能的事喽!

  我所就读的西弗吉尼亚大学医学院附设有托儿中心,里面的小娃足六个月开始,照顾他们的人员就会开始教导他们手语;足六个月后开始教导手语的原因是,根据推广婴儿手语的人员认为,婴儿的脑部此时才会开始有记忆力并能够控制手的动作,所以教起来会比较有成效。通常,有这种手语沟通能力的幼儿,因为提早体会成功沟通的经验,所以通常容易激起他们想要进而使用口语沟通的动力。

  要使用哪一种手语呢?如果家长愿意去学习当地通用的手语当然最好;若是限于时间等因素而不便特地去学,自创一套可与婴儿沟通用的共同手势也无妨。

  基本上,婴儿毕竟才刚开始发展手的运用能力,所以我们起初只是让他们比出大概的动作,无须做到完美,甚至可以因需要而修改成合适不同婴儿的手语。

在教导这些手语时,成人要一边教、一边说出这手语的意思,这样可以让小婴儿连结手语跟语音,也作为他将来使用口语的准备。

很多家长会担心,小孩会不会因为婴儿时期使用手语之后就不说话了?基本上,只要有将手语连结口语的发音,这样的担心是多余的;相反地,学过手语沟通的小孩,会比较少使用哭闹来要求他想要的东西。所以,学手语对婴儿与父母来说都是获益的。

教导婴儿手语,要从他生活上经常需要的东西教起,这样他才会有动机;换句话说,像喝奶、吃、水、尿布等几个常使用的词可以先教。不过,要记得循序渐进地慢慢教,才不会让幼儿觉得反感而不学呵!

一般来说,婴儿在日常生活中会用到的东西,因为每天接触,所以天天都有教的机会,婴儿就可以天天学、天天用,便能相当有成效。此外,有些玩具婴儿特别喜欢或是有兴趣的,因为他们想要玩的动机很强,因此也是很好的选项。

通常,婴儿想要某些东西可是又说不出来时,他们常会渴望地看着他的父母或是他的照顾者;若是你当下知道他所要的东西时,便可以趁着他的注意力,一边说这东西的名称,一边比手语给他看。

一开始只是搭配东西的名称跟手语,而不要求小婴儿马上跟着比,因为他们需要一段模仿的时期;等这样连结一阵子后,才开始带着小婴儿跟着你做相同的动作。刚开始只要有粗略的

应用篇 教六个月的小娃学手语

样子就可以了,因为孩子还是只运用大肌肉,小肌肉的活动还在慢慢发展。

而且,虽然大部分的手语推广者认为,六个月大是最合适开始教导手语的时期;可是,由于每个小孩的进度不一样,父母都要耐心地教。教手语原本是要用来让你跟小宝贝之间有更好的沟通品质,所以一定要用快乐的心情来教小宝贝,才不会因为孩子一直达不到你的要求,导致心情沮丧,造成关系更糟,那就本末倒置了。

所以,一开始先教几个孩子会天天用到的东西,观察成效后再决定进度。通常你会发现,他们那可爱的小手比出来的手语,真是既可爱又让你惊讶啊!

若是你现在有小宝贝,要不要也试试看教他手语呢?

爸妈的 HOME WORK

若是你的小孩正在牙牙学语阶段,可以想一个你希望他能够不用哭声来表达的项目,运用文章中所说的技巧来练习。

教Baby真Easy

善用正向指令

当孩子的行为不合大人之意时，我们就会指责孩子这样的行为有多么不对……

有些小孩子干脆跟你作对或是放弃配合。

我们常到学校去协助一些老师教学。我们常见到的是，有些老师在学生表现好的时候没有太多的称赞，好像他们理所当然地应该做对；但是，当学生有点小小的行为不合老师之意时，老师反而花很多时间对学生说明这样的行为有多么不对，而且一再重复的是"不要这样""不要那样"，或是"你再这样做，你就会失去……""你再不遵守，你就会被处罚"之类的话语。

我们看到很多这样的互动。有些小孩子干脆常跟老师作对或是放弃配合；比较严重的，还会当场在教室抓狂，或是直接躺在地上……

所以，我们常到学校去为老师做的最重要示范是，对学生下指令时语气都是正向的。

比如我会说："只要你写功课，你就可以得到我的奖励品。"或者是："你先把这文章写好，那我们就可以玩玩具。"我从来不说"你若不写功课，你就没法得到奖励品"这样的负面话语。

我在下指令时，会试图给学生正向的提示，让他脑袋里只能想着他要如何获得我的奖励，这也是直截了当地让学生了解

应用篇 善用正向指令

我们的期望值是什么的方法。否则,他都只知道你不要他做的行为——可能你嘴巴一张开,他就可以帮你背出来要说的话了;可是,他却不知道怎样的行为才是你想看到的。

千万不要自以为你的学生一定很了解你要的是什么;有时候,明确的指令是很有帮助的;甚至可以将这些指令作成图解或是大字卡,也是很好的方式。让你的学生常常看到这些正向的指令,他们的行为便会更有依据。

反之,若是我们常对学生说:"你若不写功课,你就会失去你的奖励。"当学生听到"失去"或是"你得不到"这样的话语时,他只想到去跳海算了,哪里会想配合你啊!

所以,只要在话语中让学生知道,他如何配合你的要求就可以得到他想要的,那他就会被你慢慢"洗脑"喽!

爸妈的 HOME WORK

写下几个你不希望你孩子做的事情,然后在每个句子旁边写下对于这件事的正面指令。

❁❁❁❁❁❁❁❁❁❁❁❁❁❁❁❁❁❁❁❁❁❁❁❁❁❁❁❁❁❁❁❁❁❁

....

❁❁❁❁❁❁❁❁❁❁❁❁❁❁❁❁❁❁❁❁❁❁❁❁❁❁❁❁❁❁❁❁❁❁

教Baby真Easy

别摸！用看的

当你期待小朋友不要做某些行为时，你要自己先想好，可以让他做什么事来代替原有的行为？

美国有些幼儿园会教导小朋友"hands behind your back"（把手放在背后）；因为，这样可以减少他们在排队时或是跟其他小朋友太靠近时，随便去碰触别人或是跟其他小朋友推来推去。

同样的理念，若是有些小孩子老喜欢去碰触不该摸的事物时，我们会建议家长或老师告诉孩子"把手放下来"或是"用看的"；这样可以让小孩子马上知道你的期待。

有的学生会喜欢用力推别人或是拉人家的衣物；这时候，我们会直接跟他说"touch nicely"（轻轻摸），而不是"No pushing"（不要推）或"No pulling"（不要拉）。

如果你不要孩子那样做，那你想要孩子怎么做，便要清楚地让孩子知道；所以，我们会训练学生知道"touch nicely"这样的指令跟动作。有时我们会跟学生说："Show teacher your nice hands"（给老师看你乖巧的手）；当然，我们会先训练学生练习所谓"nice hands"（乖巧的手）——我们让他们把手指交叠、两手互握着，表示乖巧的手。

要记得，在下指令前，都要确认这些指令是学生听得懂，而且有能力可以做到的动作，才不至于让他产生困惑，根本不知道你要他做什么，造成几次失败之后就情绪崩溃，甚至不想学了。

因此，要再次强调：当你期待小朋友不要做某些行为时，你要自己先想好，可以让他做什么事来代替原有的行为？唯有功能相同但是合理的行为，才能戒掉他的旧行为。

爸妈的 HOME WORK

从上一个作业里找出一件你很不希望你小孩子做的事情，把想好的正面指令完整地写在笔记上，然后反复念熟。当你下次发现你的小孩出现这样的行为时，试着说出你的正面期望。

教Baby真Easy

多关注孩子的正面行为

有时候,我会对学生的诡异行为加以幽默一番。比方说,我学生突发奇想地要从窗户爬进来而不走正门,我就会跟他说……

多注意孩子的正面行为,然后忽视那些无伤大雅的负面行为,是我们在行为分析论里面常用到的技巧。

当我们接到某些教育工作者的求救——抱怨他们的学生很难教,我们便会进到教室去观察到底发生了什么事情;往往会发现,老师花太多时间在关心或是责备小孩子的负面行为。我们进一步地搜集资料后就会很明显地发现,老师使用的正面语句或是鼓励话语,远少于对负面行为的注意与负面语句的使用。换句话说,学生在这样的学习环境里便会没有乐趣,甚至不想学习,习惯用负面行为来引起老师的注意。如此一来,在学习环境里便形成一种恶性循环。

我在教学生涯里当然遇过其他老师口中"不容易教""不想学习"的学生。我在第一堂课就会开门见山地跟他们说:"我不用成绩来衡量任何学生的价值,你们在我眼中都是一样好。"我基本上对于学生的行为都给予很大的空间;所以,不管他们在课堂上做什么事,我一向能保持冷静。因为,冷静就比较能说出有效的话语;而且,冷静也是示范文明教养的一个重要方式。

有时候，我会对学生的诡异行为加以幽默一番；请记得，"四两拨千斤"这技巧一定要常用。比方说，我学生突发奇想地要从窗户爬进来而不走正门，我只会跟他说："小心爬，不要摔倒喽！"若是没有危险性的状况，我甚至会当作没看见。这样一来，他不会因为你阻止而不高兴，你也不会因为责备他的特立独行而影响教学气氛。

虽然我会装作没看见，可是我的眼角都在观察他们；一来，确保他的安全；二来，他看这样无法引起你的注意，就会觉得没趣，下次就不会再做了。此外，我等他爬进来后，还会开玩笑地对他说："可不是每个人都有办法爬窗户耶！因为一定要够瘦，否则会卡在窗户上；而且筋骨要够软，否则没办法灵巧地钻进来。我知道你身材好而且又灵巧，不过老师很担心你一不小心会受伤。为了不让我担心，下次要麻烦你，我们还是一起走大门好了。"

有时候小孩就是调皮，但这就是他们可爱的地方。可能我自己当年就是属于叛逆、不服从权威的那种小孩，所以我觉得他们很亲切，就像是看见当年的自己一般。哈哈！

教Baby真Easy

爸妈的 HOME WORK

你可以在十秒之内写下五个你小孩正面的行为吗？写出来后，尽快找机会针对他的这些行为给予奖励呵！

要用对奖励

奖励品可以搭配学习环境，让孩子开心，还可以加强学习动机；所以，在教学上是可以妥善运用的技术。

不过，还要注意……

教学的时候，使用增强行为的奖励品是很有效的方法。我知道有很多人担心，会不会小朋友依赖奖励品，最后没有奖励就不学习？其实，要是能有计划地把奖励品有所安排与逐渐淡化，这样的担心便是不必要的。

一般说来，在我的教学里面，奖励品只是用来辅助的。在提供奖励品的同时，其实目的是要协助建立新的行为；因此，当新行为建立了，奖励品就要慢慢有计划地移除。换句话说，奖励品可以搭配学习环境，让孩子开心，还可以加强学习动机；所以，在教学上是可以妥善运用的技术。

不过，还要注意的一点是，必须用对奖励。

我最近跟着教授进行的方案，是评估我们所介绍的教师训练课程的成果；因此，我需要不断地看很多不同老师摄录的教学录像带。

其中，有一位老师一直重复犯的错误是没有选对奖励品。我怎会知道他没有选对呢？想想看，若是有人要给你你最喜欢吃的糖果，你会有怎样的反应？通常，我们应该会有眼睛一亮、迫不及

教Baby真Easy

待的表情,或是靠近这个要给你糖果的人。我在影带里面看到的则是,小朋友看到老师给小朋友作为"奖励"的饼干后,小朋友不只没有吃,还开始玩起饼干来了;有时候,老师甚至要求他们必须把饼干吃了,或是三催四请要他们吃,他们才会吃这些饼干。

在这样的状况下,饼干就不会是奖励品或是所谓的增强物了,甚至还有可能会变成"惩罚物"。因此,老师们跟家长们在选择所谓的奖励品时,要非常注意:到底你要提供的东西,是你自己喜欢的,还是你的学生以及小孩喜欢的?有时候,提供奖励品的人甚至不知道该提供强而有力的奖励品,以为只要给东西就好了,所以任何东西都可以;如此一来,不管怎么给"奖励品",孩子都不会进步。

其实,在提供奖励品辅助教学时,要用一段时间观察孩子到底喜欢及不喜欢什么;而作为奖励的东西也要交替使用,千万不要永远用同样的奖励品,否则接受的人也会麻痹的。甚至不妨做一下奖励品的调查(reinforcer survey),这样可以更精确地运用奖励方法。

爸妈的 HOME WORK

在笔记上,记录十项会让你小孩眼睛"blink blink"(发亮、闪烁）的食物、活动或物品，以及五项会让你小孩不喜欢的食物、活动或物品。

教Baby真Easy

先鼓励他或先给糖吃？

当我们因为孩子的良好行为要给奖励品前，我们要先用口头鼓励，对他说……

在巴伐洛夫（Ivan Pavlov）对狗的实验中，他经由刺激控制，使得铃声、食物以及流口水三者之间产生连结：他先摇铃，然后给狗食物，狗便因为食物而流口水；数次之后，他只要摇铃，但是不需要提供食物，小狗还是会因为听到铃声而流口水。

这是因为，在这过程中，已让小狗对于原本没有意义的铃声产生一种流口水的连结。由于铃声和食物紧密地连结，久而久之，就算没有食物出现，当铃声响起时，小狗也一样会有流口水的反应。

这样的刺激控制可以广泛运用，让原本没有意义的中性刺激物，变成引起反应的条件刺激（conditioned stimulus）。

我们也可以运用这样的连结来教导小孩。当我们因为他的良好行为要奖励他时，我们要先用口头鼓励，对他说"表现得太棒了""做得真好""你好有创意"之类的话，然后提供他想要的奖励品。

在这过程中，奖励他的话就如同巴卜洛夫实验中的铃声，给他喜欢的东西就如同食物；奖励品拿给他之后，他就会有一种获得东西的快乐感受。

应 用 篇　先鼓励他或先给糖吃？

奖励的话语在很多时候对一些学习者或是幼儿是没有任何意义的。但是，久而久之，奖励的话语和快乐的感受连结；就算以后你不再给他喜欢吃的或玩的东西，你那奖励的话语还是一样会激励他，而给他一种快乐的感觉。

这时候，食物和玩具等实质的奖励品就可以渐渐被奖励的话语取代了。所以要记得，给奖励品之前，一定要先说奖励的话，这样的效果才会是最好；而且，日后移除这些奖励品后，还是能让学习者当处于学习中时，只要你的一个眼神或是口头奖励他就会很开心了。

我们最终的目的，则是希望在这过程中，逐渐让学习者因为他所学习的事物而获得成就感，无需永远仰赖这些外在的奖励。

爸妈的 HOME WORK

写下五件你要奖励你孩子的行为；当你先用口头奖励才提供他喜欢的东西时，请自己打勾。

....

....

教Baby真Easy

奖励时要多方考量

朋友的儿子想要买变形金刚。我朋友便趁机对儿子说："好！我可以买给你；但是，明天开始，你要自己整理房间，自己起床……"

他的儿子当然是一口就答应喽！结果呢？

我的朋友对我抱怨，他使用奖励来协助他儿子建立新行为，却一点都没有用；我便要他多叙述一些他实行的步骤。

他说，他儿子想要买变形金刚；我朋友便趁机对儿子说："好！我可以买给你；但是，明天开始，你要自己整理房间；只要一叫你起床，你就得自己起来；还有，放学后要马上回家写功课。"他的儿子当然是一口就答应喽！

结果呢？我对朋友说："他当然是变形金刚照玩，但是答应你的事情一件都没有做。对不对？"说得我朋友直点头。我告诉他，他在这件事上有几个技巧需要调整一下：

一、奖励要等对方达到标准后才提供，这样才会时时激励这个人，在没有拿到奖励前都会很有动机地配合。

二、用一颗糖果便要人家撼动整座山，似乎也太为难人家了。因为，他所奖励的东西，与要求孩子配合的比重之间有段差距；没有任何人可以一次改掉这么多习惯的。

三、他要求孩子的事情都是那种"从零到有"的行为，这

应用篇　奖励时要多方考量

样的难度太高。

四、孩子没有配合，也没有因此受到事后结果的约束；换句话说，他没有因不配合而失去任何东西。这么一来，他当然跟你继续开空头支票喽！

你是否偶尔也用了这样的模式在教育你的小孩或学生，而因此觉得努力落空？其实，是因为步骤与细节没有设计好的缘故啊！

爸妈的 HOME WORK

请记录：你最近打算用来给你孩子当奖品的东西，分量是否正确？是不是等到他完成了你才提供？

教Baby真Easy

奖励时要注意细节

去师母家拜访时,她家的狗极度热情,会狂扑在客人身上。我师母便捉着它的项圈拉到电脑房去,准备给它爱吃的东西,免得打扰客人。

可是我对师母说:千万不要给它任何东西!

有些朋友会跟我说,他们认为运用行为论来教学,效果不太好。通常,我会让他们叙述他们如何使用,或是去现场观察他们如何使用;结果,通常会发现,他们奖励错了行为。

奖励的时候,我们应该针对所希望的行为,迅速地提供合适的奖励品或是赞美;若是时机不对,便往往会适得其反。

先举一个教小狗的例子。有一天,我跟学妹一起去师母家拜访。她家的狗极度热情,会狂扑在客人身上;我跟我学妹不怕狗,只是担心身上的大衣会被抓破或是弄脏,所以就站在那里,让它继续对我们"热情如火"。可是,它这样的动作是有可能吓到怕狗人士的。

我师母有点不好意思,便捉着它的项圈把它拉到电脑房去。我常去师母家打扰,所以大略知道她家的格局——她正把小狗带往食物区,准备给它在美国一般用来奖励小狗的奖励品。我师母的想法是:带它到电脑房给它爱吃的东西,它就不会打扰客人了。可是我对师母说:千万不要给它任何东西!因为,它会联想成:"我每次都热情地扑向客人,我就有奖励品,那我这行为想必是让主人喜爱的。"

后来,师母跟我们一起吃下午茶时,小狗在旁边一直拼命做出要靠近食物的举动;我师母便叫小狗"sit"(坐下),小狗果然坐下了,师母就没理它,继续跟我们说话。这时,狗站了起来,师母才打算奖励它刚刚坐下的行为。我连忙阻止说:"师母,你现在给它东西,它会以为奖励的是它'站起来'的行为,而不是之前那个'坐下'的行为。"

还有一次,我去帮忙我的朋友 Kelly,看她教导小孩的方法有没有需要改善的地方。她的小孩 Jack 快四岁了,除了叫"妈妈"之外不太说话,也不太依照我们一般的社交期待来回应别人。

我观察 Kelly 教 Jack 坐在椅子上的行为。她找到孩子很喜欢吃的玉米片,所以 Kelly 打算只要 Jack 坐在椅子上就让他吃。这原本是很好的方法;但是,在执行当中,状况来了:

一、Jack 的确有先坐在椅子上;但是,当 Kelly 转身去拿玉米片时,Jack 却站了起来;Kelly 此时喂他吃了玉米片,而且还说了"Good job"。这下子,Jack 被增强的可不是"坐在椅子上"的行为,而是"站起来"的行为啊!

二、Jack 有坐在椅子上吃;但是,当 Kelly 要喂他吃的时候,Jack 等不及,一手就把汤匙里的玉米片抢过来;Kelly 让他吃了,又接着说"Good job"。同样地,这次 Jack 被增强的是"抢东西"的行为!

从这样的例子,家长可以想想看,你对你的小孩是不是也有类

似的情形？根据研究，当你提供增强物时，前三个行为都是会被增强的；而且，越接近提供增强物时间点的那个行为最会被强化。

所以，当有以上的情形发生时，请你务必要求小孩再把你希望他做的行为重复一次，做对了之后马上提供奖励。像Jack的情况，Kelly便要对Jack说："你坐在椅子上的行为真是太好了！"然后再给他东西吃，这样才会有好的效果。

想一想，有些家长或老师，在奖励学生时是否也忽略了小细节？奖励时要注意，先说明奖励的原因后再给奖励品；而且，奖励时请切记，三秒内必定要具体说出他的哪个行为是被你所重视而受到鼓励的。若是他在对的行为之后又做了一些不该做的，那你就不该夸赞他、奖励他；否则，你可能变成鼓励他去做那些不被肯定的行为。

爸妈的 HOME WORK

观察自己在奖励孩子时是否及时，而且是否简单并准确地叙述孩子的某种行为是获得奖励的原因？

善用筹码

　　有一次，我陪同家长带着他的自闭症小孩去看病；当护士带着针筒进来时，他便吓得躲到病床下面去了。其他人想要将他硬拉出来，这样的举动却让他吓得更退缩。
　　我则试着跟他交换条件……

　　我常对家长强调，在他们的手上要一直至少有十样东西是他可以管制而且是可以用来跟小孩子"商量"的筹码。
　　这些筹码可以是吃的、玩的或是喜欢的活动等；当我们需要小孩子配合时，只要他们愿意配合，他们便可以享有他们喜欢的这些东西。当然，正常吃饭的权利可不能剥夺。
　　举个例子。有一次，我陪同家长带着他的自闭症小孩去看病；到了要验血时，因为小孩子没有预期到要挨针，所以当护士带着针筒进来时，他便吓得躲到病床下去了。其他人想要将他硬拉出来再压制好，让护士可以验血；这样的举动却让他吓得更退缩。
　　我则是试着跟他交换条件；我对他说："你若是愿意出来验血，指头上扎一下就好，结束之后我们就去买汉堡。"他听到"汉堡"这个他喜欢的东西，便慢慢地从床下爬出来，还伸出了指头。本来几乎就要成功了；可是，扎针对他来说实在太害怕了，所以又吓得缩回去。

到了下午,孩子的爸妈又带着他回到医院。爸爸跟他商量,若是他愿意验血,他可以选一样他想买的东西;孩子说他要去超市买电影DVD,爸爸答应了,他便伸出手来。爸爸因为担心他挣扎,所以还是抱着他,然后在两秒钟内一扎搞定了。学生的妈妈原本主张,反正都搞定了,那就回家吧,不用特别去买DVD了;但是爸爸认为,孩子很配合,不能不履行答应他的承诺。

爸爸的决定是对的。后来我去家访时,听他们述说这段过程。我对妈妈说,答应孩子的事情一定要兑现,他知道他的配合真的会有回报后,下次才愿意再配合;若是你食言,下次就会发现再也没法跟他交换条件了。他们虽然有自闭症,记忆力却是一流,而且常比大人们聪明。

善用筹码便能让你的小孩在必要的时候愿意配合;而且,答应了一定要做到,千万不要糊弄任何一个小孩,否则之后要付出的代价会更大哟!

爸妈的 HOME WORK

将在《要用对奖励》中写的那十项会让你小孩眼睛"blink blink"的物品跟活动,渐渐减少提供,培养他为了非常想得到这些东西的动机，日后能配合你的期待。

 教Baby真Easy

把球给爸爸！

如果你正在看书，而且看得津津有味，我却一直要你把那本书拿来给我，你会怎么想？

我的朋友对我说，他儿子很不配合。我便问他发生什么事，想了解一下前因后果。

原来，他儿子昨天在玩球时，他对孩子说："来，把球给爸爸！"说了三次，小家伙总算有回应，双手捧着球来到他面前。但是，当他伸手去拿球时，这小家伙竟然用双手紧紧抓着球，没有要给他的意思；他想硬抢，却发现儿子死命抓紧球，就是不给他……

我问他为什么一定要向儿子要那个球？

他说："培养孩子的服从能力啊！"

我又问："你向儿子要球的时候，他在做什么？"

他说："自己在玩球啊！"

我反问："如果你正在看书，而且看得津津有味，我却一直要你把那本书给我，你会怎么想？"

他说："我可能会觉得你有病吧！"

我说："这就对了！想想你儿子的心情，他才一岁不到，'玩'对他来说是很重要的事；你却一直打断他，而且还要剥夺他玩球的乐趣。再说，他也不知道你把球拿走后会不会还他，他当然不可能配合你喽!"

因此,教小孩时能够将心比心,你就会比较了解孩子的感受,进而更有效率地教育他们。因此,你不希望别人如何对待你,或是你不会对其他大人做出的行为,也请你尊重你的小孩,不要这样对待他们。

话说回来,若是要训练孩子配合,完成你希望他做的事情,可以从邀请孩子来跟你玩他喜欢的游戏开始:"请你来跟爸爸一起玩球好吗?"若是他愿意加入你、跟你一起玩,其实就是一种配合了。

或是把他喜欢的东西拿给他,对他说:"来,球给你,要拿好呵!"这样便是比较合理的要求。

千万不要一厢情愿地以为,你想跟孩子玩,他就应该配合你;或是以为你比他年纪大,比他高壮,就要他听从你。如此一来,你便示范"强人所难"跟"以大欺小"的身教了。

爸妈的 HOME WORK

观察自己是否曾在孩子正在开心地玩他的玩具或是看电视时,硬要他来完成你指定他要做的事情,有的话,请记录是哪些事情。

何必声声催

应用行为分析论很强调"观察"。当你的小孩不愿意配合你要他做的事情时,你要去观察他不愿意的原因是什么——是没能力、没动机,还是没把握做?

在教导小孩子的时候,父母与老师有时候因为心急,常常对小孩声声催;只要他们不愿意配合,大部分的成人常会一而再、再而三地催促孩子要配合。如此一来,可能会催得孩子心烦,甚至根本排斥配合或学习。

基本上,在孩子不是很有动机的情况下,一定要记得找他喜欢的事物开始让他学。要常确定你手上有足够的筹码让你的小孩有兴趣;否则,就算你催促他去做了你要求的事情之后,由于他不是心甘情愿,久而久之,你的催促就成为非常令人厌烦的一种连结。

因此,若是你要求你的孩子做某些工作,却被他拒绝时,记得要使用另一种他更愿意配合的方法来引起他想配合的动机;要注意的是,这两个要求须相距十五秒左右;否则,你原本想要提醒他做事的好意,就会变成是你心急的催促,让他感受到压力。久而久之,他就会越来越怨恨这些你要他做的工作,如此一来就弄巧成拙了。

应用行为分析论很强调"观察"。当你的小孩不愿意配合你

要他做的事情时,你要去观察他不愿意的原因是什么——是没能力、没动机,还是没把握做?

有些小孩不愿意配合,是因为能力还没有到那个程度,所以每次做,每次错,他当然就更不想做喽!在这样的情况下,你就要想办法协助他培养做某件事的能力。

若是没动机,则是因为你要他做的事情他觉得事不关己,也不觉得有必要做;或是做好了也没有任何好的回馈,那他当然不想做喽!这时,当然就要孩子了解完成这件事情的重要性,并且能够从中得到正面的回馈。

至于"没把握"的情况则是,有些小孩子从小被身边的人夸赞他聪明,所以,只要会让他失败、"不聪明"的事情,那他宁可都不要试。这个时候,便要从心理的建设做起;要让小孩子了解,很多事情成功与否,都与他的聪明才智没关系,有时候只是努力的方向对或不对而已。

总而言之,相同的行为背后会有不同的原因,便要用不同的方法来对治,才有可能立竿见影。否则,光靠你的声声催,只会让你的小孩害怕你开口跟他说话;因为,只要你开口说话就是要催促他。如此一来,你只会看到你的小孩越来越被动,越来越不喜欢做事情喽!

爸妈的 HOME WORK

记录你每天花多少时间在催促你的小孩做他该做的事情，并想想如何应用本书中的技巧去引导孩子。

教Baby真Easy

躲到厕所去笑

有很多家长曾跟我抱怨,他们的小孩常做出一些让人很困扰的动作;当他们要制止孩子时,他们却都不愿听话。

经过观察后,我发现……

很多父母亲都有过经验:看到学龄前小小孩的某些动作跟表情实在太可爱了,就忍不住地大笑。

不过,你这样的大笑反应,就像是对孩子的鼓励;此后,你便会不定时地看到孩子表现这个"可爱"的行为。若这个行为无伤大雅,也没有什么负面影响,那当然无所谓;可是,那样的行为如果不是孩子的合宜行为,你便要"一笑引千愁"了。因为,你在看到小朋友第一次出现这样的行为时忍不住大笑,让小朋友误以为他的行为可以博取你的欢心,便会一而再、再而三地出现同样的行为。

有很多家长曾跟我抱怨,他们的小孩常做出一些让人很困扰的动作;当他们要制止孩子时,他们却都不愿听话。

经过观察后,我常会发现其实是因为家长言行不一——虽然他们的动作是要制止小孩,但表情却很开心,笑容满面。

因为两三岁的小孩有时候只看得懂父母的表情,对大人说的话其实似懂非懂;如果你继续"开心"地阻止孩子,我保证他铁定常常让你觉得事与愿违,甚至好像火上加油。

所以，想要制止孩子的不当行为时，请记得：想笑也要躲到厕所去笑呵！

爸妈的 HOME WORK

观察自己，是否在孩子明明做了你不喜欢的事情时，你却还是对着孩子笑，觉得很好玩。有的话，想想该如何避免让孩子以为你是在鼓励他。

教Baby真Easy

"数到三"该换新招了

有时候,你希望三分钟之后要带孩子出门,可是孩子正玩得起劲;有的父母就会开始用嘴巴当计时器:"我数到三啊!你再不走就不管你了。"

我在教学上广泛地使用计时器,当然也都推荐给身边有婴幼儿的朋友。

当你跟小孩说"等一分钟"的时候,小孩子怎会知道一分钟有多久呢?对于还不会看数字的小孩,我们会教他看有长短针的计时器,甚至可以作上记号,让他知道长针指到哪或短针指到哪,就是时间到了。

有时候,你希望三分钟之后要带孩子出门;可是,孩子玩得正起劲,可能无法从原本正在做的开心事转换成要出门的心情。有的父母就会开始用嘴巴当计时器:"我数到三啊!你再不走就不管你了。"其实,有时候反而会造成反效果。因为,有些小孩可能心里想:反正要数到三,那我就在数"一"跟"二"的时候依然我行我素;而且,大人在这样的沟通模式里语气常带威胁,所以并不合适。

事实上,类似这样的情形,使用计时器就是一个很有用的方法。当然,若是能够配合"预报"效果更好。例如,明确让他知道再过十秒就到三分钟了。

不过,要提醒想使用此法的家长,平常就要和孩子做这样的演练;等小孩子慢慢习惯了,才正式使用这个方法。可别在你急着要出门的时候忽然使出这招,便要孩子马上配合,那是有困难的。

当然,好的习惯要尽早养成,从小建立。可是,如果你没有机会在孩子小时建立,等到孩子大一点才要开始使用的话,孩子一开始可能会用哭闹测试你会不会妥协。

万一孩子使用哭泣为武器时,我会坚持一些原则。比方说,我会很温和地让孩子知道,要求任何东西前必须先冷静,才可以谈他要什么;换句话说,就是让孩子了解,是他安静配合的行为,赢得他可以跟我们商量的机会。然后,我会用我的态度让他知道,用哭来要求他想要的东西是不会有效果的;所以,我会有计划地假装忽视他这般用哭来控制人的行为。当然,这是要在没有安全顾虑的情况下;所以,虽然假装忽视,但眼角还是要随时观察孩子的动向。

根据我的经验,几乎只要有使用计时器的家长,都会发现他们的小孩可以自己把握时间;在时间快到前,就会准备进行下一个该做的事了。你也可以试试看啊!当然,原则不变,只要小孩配合,记得一定要赞赏他,甚至提供奖励品;因为,在开始建立新行为时,这样的鼓励会让他下次更想配合。等行为渐渐成形后,就可以慢慢地使用间断性的方式将这些奖励渐渐淡化喽!

教Baby真Easy

爸妈的 HOME WORK

　　从跟小孩玩时开始练习使用计时器。比方说，拿出三种玩具，先玩一个；当计时器响起时就要放下正在玩的玩具，接下来玩下一个玩具。从游戏时学会听从计时器的规则开始，慢慢到游戏跟功课穿插（请针对不同的小孩设计不同的方式）。

孩子，哭"不得"

　　根据应用行为分析论，我们主张：若是小孩想用哭泣得到他想要的东西，就要忽视他们哭泣的行为，让他们知道哭并不能达到目的。

　　我的指导原则是……

　　爸妈教导幼儿时应该都会发现：小朋友在得知哭声可以控制一切时，便会无所不用其极地哭给你看。因为，哭得一把鼻涕、一把眼泪之后，你肯定会妥协。

　　根据应用行为分析论，我们主张：若是小孩想用哭泣得到他想要的东西，就要忽视他们哭泣的行为，让他们知道哭并不能达到目的。

　　我的指导原则是：非要等到小孩哭泣停下来的空当，才可以提供他要的；要让他知道，是在哭泣停的那一刻，他才会得到他需要的。若是你提供的时间点正是他狂哭的时候，那他学到的便是，只要"他哭到最高点"，他就会拥有一切。

　　但是，有很多人质疑：这样让小孩哭，不是很不人道吗？

　　因此，有些我们的同行会比较提倡，当小孩子有这样的情绪出现，在还没有爆发之前，尽量提供其他对这小孩有特别价值的人、事、物来让他转移注意力，然后重新指导他下一个要遵从的步骤。

　　我想，这样的方法应该会比较容易让大部分家长所接受。

教Baby真Easy

因为,每一阵哭声都会刺痛这些疼爱小孩的父母亲;要这些父母亲十几二十分钟不管小孩的哭闹,大概会让这些父母都心碎。

所以,若是你不希望你的小孩狂哭,然后弄得你自己束手无策,那就试试以下叙述的方法:先转移孩子的注意力,再使用合适的指令让他练习听从。若是很不小心的,真的让小孩哭起来了,要记得,当他停下来的空当,才是跟他互动的机会。尽量趁着这空当跟他说话,转移他继续哭的理由;让他知道,只有停止哭泣才有商量的余地。如果他继续哭,那你就继续装忙。

只要在没有危险的情况下,面对小孩子使用哭泣作为武器时,家长千万要好好处理,以免孩子的哭泣成为你长久的梦魇。所以,哭泣停止的瞬间,就是家长要把握的正确时机。

爸妈的 HOME WORK

偷偷观察你的小孩,哭的时候是否只有哭声,没有眼泪?或是一边哭,一边瞄你有没有在注意他?若是,请采取本书的技巧,不要让孩子养成以哭为手段的习惯。

应用篇 让鸽子最疯狂的增强计划

让鸽子最疯狂的增强计划

有些人很难戒掉赌博,一直想试手气的原因,就是因为他知道一定会有机会赢钱,但不知道是哪一次,所以便会想一直试下去。

很多小孩跟父母亲要求东西的行为也是如此……

在行为分析论里有一个增强计划表(schedule of reinforcement),这计划表里分别有持续性的增强跟中断性的增强。顾名思义,持续性的增强(continuous reinforcement)指的是,每次学习者表现得好时就有奖励;中断性的则比较复杂,包括固定比率与固定间距(fixed ratio/interval)以及不固定比率和不固定间距(variable ratio/interval)。

在这些增强计划中,让实验室里的鸽子最疯狂的,便是不固定比率的增强计划;而这样的增强方式,在我们的生活里其实影响非常深远。

在实验室里,当你使用不固定比率的计划表时,鸽子知道会有奖励,却因为不知道哪一次去啄食物盘时会有奖励品,所以它会不停地啄。

在教学过程里,我们在持续性的增强计划表实施后,当学习者的新行为已经建立起来后,我们会开始使用固定比率的中断性计划表,最后便是使用不固定比率的计划表。因为学习者

教Baby真Easy

不知道你哪一次会提供奖励品或是夸奖，所以他会一直持续做出你所希望的行为，这个行为最后就会因此而定型了。

藉由这个理论，可以类推为什么有些人很难戒掉赌博，或是赌场里的人为什么想一直试手气的原因；因为他知道一定会有机会赢钱，但不知道是哪一次，所以便会想一直试下去。

很多小孩跟父母亲要求东西的行为也是如此；因为他知道，只要他坚持得够久，父母便可能妥协，他就会得到，所以他就持续地一直试——狂哭，狂吵，或狂撒娇。他们会像鸽子一般，一直跟你试下去。

我有两个有小孩的朋友；A君常会找我问一些新的幼儿行为教学法，B君却对所谓的现代教学法不以为然；而两个小孩的表现，便有所不同。

A君的小孩知道，若是要求不合理或危险的事物，父母说不行那就是得不到了；所以，当他的要求被父母拒绝后，他就知道那是不能玩的东西。大部分的时间，他会很配合地守规则；就算偶尔情绪化地啜泣几声，也会随即去玩他平常被允许玩的东西。

相对地，听说见过B君小孩的朋友都知道这小孩超能哭，可以狂哭一小时以上。我问这对夫妻的好友，他们是不是在孩子狂哭后都会给孩子所要求的东西？

他惊讶地说："你怎会知道？"

我便用上述的鸽子行为模式来说明：那个孩子显然已经学会——只要他持续试下去就会得到，所以才会一直哭个不停。

我的教授常有感而发地说，家长若无法坚持不给，那还不如干脆一开始就给；否则，会把他的行为训练得更有韧性，家长也会被孩子吵得心烦。不过，我还是鼓励家长们让小孩知道，不可以的就是不可以。

再举个例子。我朋友的女儿以前常吵着要进厨房看他妈妈炒菜；一开始，他们担心危险，所以不给她进去；久了以后，那小孩便知道只能站在厨房门口。

有一天，我朋友紧张地对我说："怎么办？我女儿现在老是站在厨房门口吵着要进去看。"

我问他："你家是不是有人曾经让他进去过？"

他不好意思地说："对啊！我妈觉得抱她进去看看应该没关系。"

唉！当然有关系！如此一来，孩子便会觉得，既然上次可以，这次应该也可以喽！

我对朋友说："坚持下去吧！若你真的觉得厨房危险，那你当然要贯彻才行。"他们又坚持了几天，女儿终于又恢复只会站在门口看；即使门口的小栅栏并没有拴上，她还是只会站在门口看。

希望家长们都能从小就训练家里的小朋友"遵守原则"的习惯；若能如此，家长跟孩子都会很轻松！

爸妈的 HOME WORK

观察自己是否曾经明明本来不愿意答应孩子某件事,却在他几番要求下就答应了?这样会让他以后要求的韧性越来越强啊!请想想该如何坚持吧!

孩子为何吐口水？

有位学生看见妈妈和我在说话，没人注意他，就借着吐口水来引起注意。当他发现仍没有人注意他、制止他时，就开始变本加厉。

他的母亲终于按捺不住，像平常那样破口大骂……

有一天，我去拜访一位学生家长；我的学生是五岁多的小孩，独生子。

当我们很认真地谈话时，我的学生却跑到落地窗外，对着他妈妈可以看见他的角度，开始吐口水。

我知道，孩子一定是想借这样的负面行为引起妈妈注意；而且，平常也唯有这样才能马上引起妈妈注意。

我便故意移动我的椅子，想遮住家长的视线；可惜学生的母亲不太清楚应用行为分析论，所以不断地被我学生的行为干扰。我暗示家长，孩子就是看见我们大人都在说话，没人注意他，所以才借着吐口水来引起注意。于是，母亲便试着不纠正他。

不过，孩子此时可能会产生 extinction burst（减弱暴涨）的现象：平常原本只要捣蛋一分钟就可以得到注意，现在竟然没有人注意到他，出乎他的意料，让他很不习惯；因此，不良行为便会快速增加，想借此测试你的忍耐度，看你到底会不会因

 教Baby真Easy

而注意他。

当他发现妈妈并没有注意他、制止他时,果然开始变本加厉地吐口水,还加上清喉咙;如果他一开始的吐口水像是毛毛细雨,现在简直就是雷声隆隆的狂风暴雨。

这样的行为我见多了,知道这是一定的过程,所以我从头到尾保持一致的坐姿。但他的母亲可就坐立难安了,终于按捺不住,像平常那样破口大骂:"你给我停止吐口水!给我进来!"

那时,孩子一定在心里面大叫:"耶!我赢了!我就知道你一定会看到我吐口水的……"

小孩子正值似懂非懂的年龄,才不管你是骂他还是数落他,反正被骂又不痛不痒,他可以选择听或不听;可是你骂他的时候,就没有时间做其他的事情,而且要将全部的注意力都放在他身上。想想看,若是吐口水或是做点令父母亲讨厌的事情就可以得到他们的注意,那有何不可呢!

你的小孩若也常这样做一些他不该做的事情来引起你的注意,那就表示,他做正常的事情时大概都得不到你的注意,所以他需要使用另一种反常的方式来引起大人的注意。

若是你希望你的小孩停止使用负面行为的方式来引起注意,便须从现在开始,每当他在做他该做的事情时,就常常鼓励他,让他知道你有看到他的好;如此一来,那些用来引起注意的负面行为才有可能渐渐消失。

应用篇 孩子为何吐口水?

爸妈的 HOME WORK

记录最近你责备你孩子的是哪一件事情?分析一下ABCs,看看他那个行为是不是一再出现?再检视这个行为的功能是不是为了得到你的注意?

 教Baby真Easy

教孩子遵守规则

想让孩子从小建立良好的生活习惯,只要善用小孩子那种想要模仿大人的关键期,让任何东西都变成有趣的互动,便可以藉由逐渐塑造的过程实现。

我对幼儿一向给他们很多的自由;但是,这样的自由背后是有约束力的。我都会让他们知道,他们若是要享受自由就要遵守规则。

这个年纪的小孩有很强的好奇心,每个东西都要摸摸看,这是他们了解这世界最直接的方法;因此,我们要给他自由去探索,以免这样的动力被压抑后,造成他以后害怕尝试或是不再好奇。但是,我们也要让他守住一个原则,就是他玩过的东西都要自己归位。

如果是精密的高科技产品,很可能一不小心摔了就会坏,或是按错键就会错乱,就更要教导他如何正确使用。当然,想玩的东西须以安全的角度为重要考量;像是电线、插座、煤气、滚烫的热水等,当然都是该严格禁止的。

基本上,在小孩的眼中,每样东西的功能跟成人的用途是不一样的。比方说,你觉得电脑是要来处理文件或是上网的;对他而言,他怎会知道上网是什么?他可能觉得荧幕看起来亮亮的很有趣,或是键盘按起来的声音也很吸引他。

应用篇　教孩子遵守规则

所以，若是你开启电脑，他可能只想用手摸一摸荧幕、敲一敲键盘；一般来说，家长可能觉得麻烦，因此就是不让幼儿有机会接触这些东西，或是疾言厉色地要求幼儿不要碰电脑。只是，越是大人叫他不要碰的东西，他越是非碰不可。其实，这对家长来说，是启发孩子智慧的好时机；因为，越能引起孩子动机的东西，我们越能鼓励小孩使用及学习。

但是，就像我说的，自由是要建立在遵守规则之上。因此，我会询问孩子：你想玩电脑吗？若是幼儿表达肯定的意愿，那就要跟他约法三章。例如，妈妈可对他说："你按照妈妈的方法，妈妈就可以让你玩电脑。"然后，你可以教他荧幕可以"轻轻"地摸摸看，满足他的好奇心。

他可能不知道"轻轻"的意思，所以你可以牵着他的手去摸电脑，然后慢慢将你的手放掉——这是"淡化"的步骤，看他在没有你辅助的情形之下，能否自己独立地轻轻触摸。若是他可以，就让他去探索；若是不行，你先用言语提示他："来，我们要轻轻摸啊！"若是他还是不习惯轻轻摸，你可以再给他一次机会，牵着他的手，用你要他使用的力道去摸电脑。

若是你已经给他两次机会他都不愿配合，我们可以轻轻地将电脑移开，盖起来，跟他沟通：如果他想玩电脑，你希望他怎么做；然后，让他在你手上或是桌上练习轻轻摸的动作；当他已经练习好了，再提供电脑给他试。孩子此时若是哭闹，父母该守的原则要守住；要让他知道，想要得到任何东西，都是要等他停止哭泣、安静下来之后，才有商量的余地。

 教Baby真Easy

　　若是他配合你的方法，成功地依你的期待去探索电脑，你可以奖励他说："宝贝，你能轻轻地摸电脑，做得很棒呢！这样的话，妈妈下次还可以让你玩电脑啊！"

　　最后，不管玩哪些东西，物归原处是很重要的。家长应该提供一个玩具箱或是一个玩具专用柜给孩子，玩具都存放在这个固定的地方。他每次可以从中选择几样他想玩的东西；但是，若是玩累了想换其他的东西，他就先要将这几样玩具归位后再挑选其他的玩具。

　　当然，在教学的步骤里面，你一开始要先示范；你每次从这个地方拿出要给他们玩的玩具，边做边说："你看，玩具都放在这里，用过也要放在这里啊！"等他已经能将"玩具要放在固定位置"的概念连结时，每次他玩过玩具后，你就要带着他一起收拾。

　　一开始，你可以拿一两样玩具让他放，甚至把玩具归位弄得很有趣，像是可以加上你的口头音效搭配："嗡嗡嗡，小蜜蜂要飞回家睡觉喽！"等幼儿越来越习惯收拾，你可以开始示范你希望他放玩具的规则，让他看见你的期待；他脑海里若有了影像，比你口头形容千百遍有效。若是他能配合收拾，鼓励是一定要的（记住，要鼓励行为而非鼓励人）；万一他无法配合，他接下来想玩其他玩具的权利就会有所调整。

　　通常，这样的习惯养成了以后，你就可以慢慢地教他，玩过、用过的东西都要归位，比如电视遥控器、奶瓶、书本等；你会发现，养成这样的行为后，他们通常就会类化到越来越多的东西上。你之后只需要在旁边发号施令:"来,用完后我们来归位。"即使是到公共场所,这些行为也会持续地类化!

事实上,想让孩子从小建立良好的生活习惯,只要善用小孩子那种想要模仿大人的关键期,让任何东西都变成有趣的互动,便可以藉由逐渐塑造(shaping)的过程实现。虽然家长一开始可能需要多花点时间,但是,事后收到的成果,会让你教育小孩越来越轻松!

爸妈的 HOME WORK

检视一下:你跟你孩子们之间订立的规则,是不是每次都彻底执行?执行的时候你是不是都是和颜悦色地与他们沟通?当他们确实执行时,你是不是有及时、适时地提供他们喜欢的奖励?

教Baby真Easy

避开孩子挖好的陷阱

> 我的助理常在我去了解学生的表现时,跟我叙述他怎样"说服"我的学生。这样其实蛮辛苦的,我便传授一招"无声胜有声"的技巧……

我的教授们都说,小孩其实十分聪明,知道如何生存;所以,千万要用冷静的头脑来面对小孩的行为,别老是以为小孩什么都不懂。

应用行为分析论强调,所有的行为背后都有功能;因此,当你的孩子一直跟你争执时,我可以用我的经验提醒你,他正在一步步地拉着你到他设定好的陷阱。

你一定要相信,你生出来的绝对是聪明无比小孩;当孩子在跟你争执时,他也在测试到底可以争取多少。在我们面对这样的小孩子时,通常对话越简略效果越好;这可以让你的小孩知道,继续争辩下去毫无意义。

我的助理常在我去了解学生的表现时,跟我叙述他怎样"说服"我的学生。这样其实蛮辛苦的,我便传授一招"无声胜有声"的技巧——当学生跟我讨价还价的时候,我都简单地说:"喔!这样呵!"或是说:"谢谢你跟我表达你的想法;可是,我的决定目前不会改变。"而后便继续做我的事情。

通常,学生会觉得自讨没趣,而改变跟我争辩的想法。然后，我会适时地用冷静的语气提示他，遵照我们原先约定的方法执行的好处；或是告诉他几项选择，让他知道我的底线只有这样，不会因为他的争辩而不同。

基本上，到目前为止，这种做法的效果都如我所希望的，你也可以试试看呵！

爸妈的 HOME WORK

记录一下，你一星期花多少时间在跟你的小孩争执或是劝说？把这一星期的时间乘上五十二周，这就是你一年花在跟你小孩争执上的时间。想想看，如何采用本书中的技巧，减少与孩子之间的争执？

教Baby真Easy

缓冲的技巧

当你正要忙的时候,你的小孩却忽然哭闹或坚持要你陪。这时候,就需要缓冲的技巧协助你改善这样的情形。

很多家长可能常常遇到某种状况:当你正要忙的时候,你的小孩却忽然哭闹或是坚持要你陪。这时候,就需要缓冲(cushion)的技巧协助你改善这样的情形。

要怎样缓冲呢?当你需要忙碌一段时间时,你可以跟你的小孩说:"妈妈／爸爸现在先陪你三十分钟,三十分钟后我要做一下别的事情啊!"这三十分钟你便可以为小朋友说故事,一起玩他喜欢的游戏或是抱着他看电视。

这样的预报(warning)技巧,可以让小孩心理有准备;再加上有缓冲的过程,他不会因你不能陪他了而感到失落。当你陪伴他的时间快结束的时候,你又可以再预报一次:"妈妈／爸爸在五分钟后要去忙了,到时候你要自己玩啊!"若是可以,就让他知道你会忙多久,让他有心理准备,知道要再等你多久。

幸运的话,你的小孩会乖乖一个人继续做你刚刚陪他一起做的事;万一他不愿意,这时候就要用我提到的另一个技巧搭配:让他知道你陪他三十分钟后,若你要忙其他事情时,他就可以玩或是吃他平常不能得到的东西。这就是为什么我常强调家长手上要有五到十项增强物,是孩子大部分时间得不到的,这样你才会有筹码跟小孩商量；如果他要什么有什么，就没让他想配合你的动机了。

大原则不变：孩子若是配合地一个人做他的事而没有打扰你，你一定要适时地鼓励他，给他很多注意力；千万不要老是小孩不配合的时候才骂小孩。久而久之，小孩就利用你骂他的过程，得到你的注意力。所以，可以运用缓冲的技巧，来预防孩子因为你不陪他而用负面行为想引起你的注意。

爸妈的 HOME WORK

准备好孩子喜欢玩的玩具或喜欢吃的食物，当手边有事而孩子又坚持要你陪时，试试本文说明的缓冲技巧。不要忘了适时给予配合的孩子奖励的原则哦！

教Baby真Easy

让孩子自己善后

有一次,小外甥边喝水边把水吐出来,弄得衣服及地上都是水。

我娘口头制止他,不过效果不好。我便运用"从后果学习的理论"……

我家大姊在客厅帮小外甥准备了塑料小浴缸,当成玩具球池,让他可以坐在浴缸里玩,他还挺喜欢的。

不过,在选择要进到浴缸里面玩的玩具时,他却把装在网子里的球倒了一地。我爹看了就说:"哦哟!倒了一地,待会儿我们要捡很久。"

我跟爸爸说,当然是小外甥捡喽!当你手上有孩子想要的东西时,你便有筹码可以跟他沟通,练习该做的事情;趁着外甥有很强的动机想要坐在浴缸玩耍时,我就可以跟他交换条件。

我对他说:"来,我们把球捡到球袋里,再去浴缸。"他听了我的话,便乖乖捡好了球,自己爬进浴缸。

还有一次,小外甥不知道是否因为喝水喝太大口咽不下去,好几次一边喝水一边把水"噗"地吐出来,弄得衣服及地上都是水。

一开始,我娘用口头制止他,不过效果不好,他还以为是玩游戏呢。我便运用"从后果学习的理论",让他自己承担后果,来调整他的行为——

一、每当见他吐水出来,我就把他的水瓶拿走;

二、要他负责把弄湿的地板擦干净;

三、我的表情平静但严肃,让他知道我并不觉得有趣;

四、当他说要喝水时,我向他强调,水一定要喝下去,我才会给他水瓶。

几次下来,他觉得这样吐水没有观众,而且还要擦地板,就乖乖地正常喝水了。

总之,除非是有危险的事情,我会有原则地不让小孩去做;否则,规矩就是:"你做过的,你就要善后。"从小便要让孩子养成这样的习惯。

爸妈的 HOME WORK

检视一下:你小孩每天弄乱的地方,你有没有分工,让他帮忙整理?请从简单的、他有能力办到的部分让他参与。

教Baby真Easy

训练坐餐椅

大姊交代,要把小孩训练到可以坐在餐椅上。

我先好好地观察外甥,发现:他十分喜欢我们不常给他吃的小零食。因此……

回到台湾时,花了点时间与外甥相处。大姊交代,要把小孩训练到可以坐在餐椅上。这个难不倒我;方法对了,通常一两次就会成功了。

我先好好地观察我的外甥。我发现,他十分喜欢我们不常给他吃的小零食,因此会有足够的动机来配合。然而,他才一岁五个月,仍是以手指拿东西吃为主的时期,还不会纯熟地使用餐具;因此,要可以让他使用手指吃、却又不太需要清理的东西才比较恰当。后来发现,小小颗的喜瑞儿、蔓越莓还有松子等,都是合适的零食,而且可以放在他的婴儿用的小杯子里。

我便拿着外甥爱吃的喜瑞儿对他说:"你坐到餐椅上,阿姨给你吃喜瑞儿。"哈哈,交易成功,他马上配合地坐到餐椅上。我先夸赞他愿意坐在餐椅上吃东西,然后便将喜瑞儿倒进他的专用杯,让他有主控权。

很多大人平常很怕小孩吃东西时弄得到处都是,所以宁可自己喂小孩,或是不准小孩碰食物;像这样可以自己拿、自己吃,吃快吃慢或吃几颗都由自己决定,对他而言是很大的动机。

所以，他二话不说，相当配合。

此外，我让他手上握着一个小红球，餐桌上还放了一只电子狗；那是我从美国带回来、会摇头晃脑同时发出电子音乐的小狗。根据我的观察，我小外甥的年纪喜欢触摸东西，所以，他几乎没有一刻会乖乖地坐着，而是不停地到处摸、四处碰，注意力没有一分钟会放在同一个东西上。

所以，我就让他一边吃他爱吃的东西，一边手里拿着他喜欢的玩具，听着电子狗发出音乐；如此一来，他有吃、有玩、有音乐听，还有摇头晃脑的小狗可以看，他就更愿意坐在餐椅上吃东西喽！而且，他还会一边吃，一边配合我要他说的"赞"并加上手势呢！

在很多教导小孩的计划里，家长一定要把握一个原则：在这计划里的所有配备都齐全了才开始教。小孩子有时候耐心很短暂，你必须一个动作接一个动作，要给的东西也要一个接一个地快给，这样他会因为不必忍受等待的挫折，而加倍愿意配合！

爸妈的 HOME WORK

检视一下：你的小孩吃饭时，是坐好吃饭，还是你要追

着他到处跑?思考一下,你可以如何用本书中的技巧让孩子乖乖吃饭?

教孩子自己吃饭

很多家长一方面怕小孩把家里弄脏,另一方面觉得让孩子自己吃饭很慢;所以,一些年龄已经蛮大的孩子,还被爸妈当作皇帝一样地侍候。这对家长及孩子来说都不好。

让小孩子自己吃饭,其实是一个训练他们眼手协调的好机会;因为,要能够好好协调眼睛、手跟嘴巴,才能把食物送进口里。

很多家长一方面怕小孩把家里弄脏,一方面觉得让孩子自己吃很慢;所以,我常常看到一些年龄已经蛮大的孩子,还被爸妈当作皇帝一样地侍候。我认为,这对家长及孩子来说都不好。

吃饭的动作需要大肌肉还有小肌肉的连动与配合,这样手臂才能弯曲,手腕才能灵活地将汤匙的食物送进嘴里。

我训练我的小外甥,先让他用手指拿东西吃,再来便使用叉子。叉子不像汤匙,需要以特别的角度拿好,否则食物会从汤匙里掉下来;因此,通常我都会让幼儿先练习用叉子吃东西——大人先插好食物后,递给幼儿自己吃。

等他练习到可以准确地将食物送进嘴里,而且姿势也都很顺手时,我就会让他们练习使用汤匙。

孩子的生活学习,还是一句老话:一回生,二回熟。当小

教Baby真Easy

孩子越能够自己照顾自己时,父母亲就能越轻松;而且,藉由自己吃饭练习眼手协调,还可以协助他往后学习使用双手及眼睛的技能时,可以更容易上手。

所以,家长千万不要轻忽孩子吃饭动作的学习啊!

爸妈的 HOME WORK

你的小孩是自己吃饭还是你还在喂他?可以从适合他用手指吃的食物开始训练他独立吃东西的能力;等他的手部力气可以拿合适的餐具时,让他自己慢慢学着吃。

若是小孩早就已经会吃饭了,看他会不会自己扣扣子、拉拉链、绑鞋带?这些动作的学习,都有助于他手部的肌肉与运动神经的发展。

当孩子只对几样东西有兴趣

使用"搭配"跟"刺激"控制的技巧,可以让孩子对原本没有兴趣的玩具生起兴趣,甚至可以发展出多种玩法。

很多家长问我:若是小孩子只执著玩几样玩具要怎么办?

我的经验是,使用搭配(pair)跟刺激控制(stimulus control)的技巧,让我外甥对原本没有兴趣的玩具生起兴趣,甚至可以发展出多种玩法。

小外甥有一组积木,是把所有的积木排在一个固定的板子上;当外甥对这样的玩法玩到不想玩时,我让他看我把积木一个个地叠在一起。

当他一边玩时,我在旁边跟他开心地说:"你看!将积木叠在一起好好玩啊!"我用很兴奋的语气来跟他玩;而且,每当他去碰触那些积木时,我就用鼓励的语气跟他说:"对!积木很好玩,我们也可以把他叠起来!"

因为他才一岁半,所以他一开始很难把积木对准叠高,我便牵着他的手先对准一次;练习了一两次之后,他就可以把积木接起来了。后来,他把积木排在一起排到觉得有乐趣了,还特地拿来给我看,开心地炫耀说他可以自己完成了,我当然好好鼓励了他一番。

后来,当我不在时,他也会跟阿嬷(祖母)玩积木叠高的

游戏，还在排完后自己做出"万岁"的动作鼓励自己；这是在行为训练里面的最高境界——自我鼓励，而且还把这样的行为类化到与其他人的互动。

我原本是想藉由玩积木的过程，让孩子练习眼手协调；没想到他的学习力很好，一两次就学会这些技巧，而且还能感到有趣。

所以，若是你的小朋友只对某几样东西有兴趣，不妨查阅更多关于"pair"跟"stimulus control"的详细资料吧！

爸妈的 HOME WORK

你是不是孩子的"鼓掌队"？试试看，有没有办法把一个孩子平常觉得很普通的玩具，玩到让他觉得很新奇？

谁偷了孩子的生活学习

我一向强调让幼儿从日常生活里面学习;所以,我非常鼓励家长尝试让幼儿做他们可以负荷的家务事。

当然,这是有技巧的。

很多家长都因为太爱护他们的小孩,常不让孩子参与家务事,或是认为小孩子不会做家务事,所以常让小孩失去很多学习的机会。

我和一些学教育的朋友们可不这样想;我们觉得,只要有让小孩学习的机会,我们都不会放弃。参与家务事应该是从小做起,训练小孩把家里的事情当作自己生活的一部分,从做家务事中学习到观察、解决问题及参与的能力,还能培养责任感。

我一向强调让幼儿从日常生活里面学习;所以,我非常鼓励家长尝试让幼儿做他们可以负荷的家务事。

当然,这是有技巧的。幼儿对生活周遭很多事情刚开始都觉得很新鲜,所以一定要善用他们这样的动力。因此,当小孩看着大人吃完饭在收碗筷时,若他也想跟着收,那当然就让他帮忙喽!可能很多家长会担心他们太小做不好,那就找他们能做的给他们做;一回生,两回熟,千万不要忽视任何一个让幼儿学习的机会。

所以,当他第一次协助大人时,要适时地给予很大的鼓励;

教Baby真Easy

我常常跟家长说,只要在旁边有技巧地当鼓掌队,他们的日子就会越来越轻松。千万不要把自己的儿女当作小皇帝或是小公主来侍候;若是如此,等你想要他们帮忙时,你请都请不动;而且,他们还会觉得好像家务事是爸妈的事情似的。

当然,像厨房这样的地方对幼儿是有危险性的;因为,有一些设备或是滚烫的东西,都会在幼儿还未发展出识别危险的能力时造成伤害。所以,我们会规定幼儿进厨房时需遵守指令;当大人说"停"的时候,就要停在厨房门口前;等到大人确认幼儿碰触的东西不会有危险时,幼儿才能在大人的监督下进厨房。

其实,也因为越少让他们进厨房,他们便会越好奇;所以,让他们知道,只要他们帮忙收碗筷时就可以有进厨房的机会,这便成了鼓励正面行为的增强物。

家长们不须一味地送小孩子去学这个,学那个;其实,最好的学习环境就在每天的生活里。

爸妈的 HOME WORK

可以让孩子从他觉得好奇心的家务事做起,像是你在做家务事时他很想帮忙的项目,请让他一起做。一回生,两回熟，他会越做越好的。

教Baby真Easy

火车上被打的小孩

带着小孩出过远门的父母亲大概都知道，小孩会有在车上吵闹的情形。父母命令小孩睡觉，偏偏小朋友不想睡，结果就被"啪"地一巴掌打下去。我真的很为这些小朋友叫屈……

从花莲看完病的回家路上，在火车里发现被打的小孩真多……

他们到底为什么被打呢？

带着小孩出过远门的父母亲大概都知道，小孩会有在车上吵闹的情形；没有小孩的朋友们，也一定有在车上被其他小朋友或是教训孩子的父母亲吵过的经验。

事实上，像这样一直坐在车里的长途旅行，连大人都会有无聊的时候，何况是这些精力旺盛的小孩？这些家长因为自己累，就命令小孩要睡觉；偏偏小朋友不想睡，结果就被"啪"地一巴掌打下去。我真的很为这些小朋友叫屈……

当时，有个三四岁的小弟弟跟他姊姊被修理得最惨。这样的年纪，因为不能长时间乖乖坐着，他们的爸妈就一再用最直接的方式让他们听话。这两位小朋友听到父母亲说"快到了，还剩一个半小时"时惨叫的表情，我看了实在于心不忍；所以把他们叫到我身边来玩我的电脑，总算让整个车厢的乘客宁静

~140~

地度过剩下的一个半小时。

后来，有机会跟几位在火车上打小孩的父母沟通，我对他们说，下次可以帮孩子们带点玩具，让他们学会自己打发时间；要注意的是，平时要将这样的玩具管控好，在很关键的时机才让他们玩，他们便会很珍惜。

你若是也有这方面的困扰，请试试这个方法吧！要记得，手边至少要有三到五项东西是你的小孩平常没有机会玩的；当有重要情境要让他们安静时，这些玩具就是你的法宝，可以拿出来让他们玩个够。那时候，他们玩都来不及，绝对没空吵你！

爸妈的 HOME WORK

每次要搭很久的车子时，请将在《要用对奖励》中写下来的项目，让你的小孩选择几样带在车上；在他们坐得不耐烦时，便拿出来让他们玩吧！

教Baby真Easy

来自小baby的挑战

我朋友的小baby到餐厅就座后,不断地从他坐的高椅子爬起来;我跟他沟通:你若是乖乖坐好,阿姨就不会用安全带扣住你。

他可能当作我是在唱歌给他听,便又站了起来。这下子……

有一次,我朋友的小baby跟我铆上;因为,他发现他爹竟然听我的而不听他的,所以到餐厅吃饭时就故意唱反调。不要以为二十个月大的小孩天真无邪;其实,大部分的父母通常都被这些看起来很纯真的小baby骗了呢!

不喜欢吃就会随地乱吐的孩子

我朋友的小baby到餐厅就座后,不断地从他坐的高椅子爬起来;我跟他沟通:你若是好好坐在椅子上,你就不需要扣椅子的安全带。他可能当作我是在唱歌给他听,便又站了起来;这下子,当然就被我扣在椅子上了。

他在餐厅吃东西时非常娇气,一吃到不习惯吃或是太大口的,或是想引起注意时,他就将嘴里的食物直接吐出来。这当然是我朋友平常太宠他,帮他儿子找了太多的借口,所以只要小孩子吃得不满意,就会沿路乱吐。这让我对家长很生气;因为，这样的行为是被家长惯的。

我先跟我朋友沟通。我问他："我们小时候那样穷，你有吞不下的东西吗？都没得吃了，还会吐出来？"

我朋友听了直点头。尤其他们当年在大陆时，生活条件的确辛苦，哪会舍得吐出来？不过他对我说，他因为要尊重小孩的感觉，所以让孩子只要不爱吃的就可以吐掉。

我说，吃不吃的确可以选择，但吐也要吐得有规矩；可以教导孩子先吐在自己的手上，或是跟父母求救，让他们吐在合适的容器或是地点；哪有不爱吃就随便吐的，这就太出格了！

我为何这样严格？想想看，孩子这样的行为会造成怎样的后果？万一他到幼儿园之后又这样对待老师给他的食物，老师一个人要带这么多小孩，看到你儿子吃得不开心就吐，他也会很不开心；如此一来，他就有可能不喜欢这个小孩。其他小孩看到你儿子违反常规的行为，也会认为你儿子怪怪的。若是老师不是很有耐心，他对你儿子表现出不喜欢的态度，其他小孩也会有样学样，讨厌你的小孩。

我相信很多老师都很有爱心；但是，除了大部分的特教老师会把学生反社会的行为当作工作的一部分或是挑战外，我相信其他的大部分老师还是喜欢轻松容易的教学环境。所以，不要小看这样的小动作；只要是在我们社会规范里不寻常的，都会影响到人际关系或是与他人的互动。

教Baby真Easy

你看，我爹就是拿我没办法

我在认知上说服了我的朋友后，我脑袋里的"CPU"便加速地寻找资料，看他儿子这样的情况该如何处理。

我还在思考的时候，他又打算吐了；我马上疾言厉色地对他说："吞下去！"他果然就乖乖地吞下去了，让我的朋友大为惊讶。他以前都以为，只要他儿子吐出来的东西一定是难以下咽的；哪知他儿子对于平常和善、但是必要关头严厉的我竟然会买账，乖乖地把本来要吐出来的食物吞了下去。

其实，我们最感困扰的是家长的态度；他们因为舍不得让小孩子难过，而给予很多不合适的娇宠。我朋友虽然对我的教法非常赞叹，可是却一边跟我商量："力瑜啊，他年纪还这么小，你一定要这样严格吗？"

我说："年纪还这样小你就摆不平他，等他再大一点你拿他怎么办？"真的，千万不要以为孩子小就什么都不懂，他们其实都听得懂或感觉得出来。我朋友的小孩一听他爹在帮他说情，便又骄纵起来；他爹刚喂他的面条，他便像是挑战似地看着我，当着我的面故意地吐了出来。

我用力地看着我朋友说："我在训练孩子时，请你不要嫌我这也太严格，那也没必要。"

我朋友只好又照我的方法要求小孩把面条吃下去。可惜，他平常和孩子建立的互动模式让孩子知道——只要他不吃，他爹也拿他没办法。所以，这一岁八个月大、看似天真无邪的小

~144~

孩,每当把食物吐出来时,一定认真地看着我,用眼神对我说:"你看,我爹就是拿我没办法!"

后来,大概是吐面条的游戏玩累了,他想从高椅子上下来;他一边吐面条,一边对他爹表示他要下椅子。我就对着小家伙说:"你吃下最后一口面条,否则你就要继续坐在这里!"

我朋友看到我这样要求他儿子,吓得大惊失色。他说:"力瑜,不要这样啦!在家时,只要他想下椅子时,我就让他下来。"

我严厉地对朋友说:"你若是让他下来,那你常常大老远打长途电话来问我幼儿教学法有什么用!我在示范怎么教孩子,你却老是这样中断我、阻止我,你知道孩子听得懂吗?"

其实,我这样的动作是不对的。在我们的训练里,尽量不要当着小孩面聊小孩的行为与策略。一方面是要顾及小孩的感觉;另一方面是因为,不管多小的小孩,都有可能听懂我们的策略而加以破解。

和孩子互动要保持冷静

我朋友半信半疑,觉得他儿子只是二十个月大的小孩,懂什么?我却以我专业的直觉跟观察,知道他儿子在挑战我,故意要跟我唱反调。

这时候,小孩使出他爹最挡不住的杀手锏:哭!

我一看就知道他是假哭,因为没有眼泪。我不肯让步,硬是要他将面条吃下去;因为这小孩不是真的吃不下,而是故意挑战我,才会在他爹喂他吃面条时,含进嘴里后又看着我,然

教Baby真Easy

后把面条吐出来。

　　我朋友这下可慌了,因为怕他儿子吵到别人;我则是悠闲地继续吃饭,任由他儿子哭。因为餐厅老板是我朋友,我跟他知会过我在教小孩,请他们包涵;他们也很支持我,便在旁当观众,看我怎样教。我们去吃饭的时间晚,所以,只剩另一桌还有客人;我跟他们打过招呼后,便让朋友的小孩继续哭。

　　我朋友急得跟热锅上的蚂蚁一样,用无助的眼神看着我问:"力瑜啊,这下该怎么办?让他下来好不好?"

　　为了不让小孩听懂,我便用英文对朋友说:"NO, he has to stay（不行,他得待在椅子上）. Look, did you see his tears（你看,你有见到他的眼泪吗）? He is faking（他装哭的）."我朋友瞄了一下,才发现小孩真的只有哭声,根本没有眼泪。

　　我平常对小孩子的处理一向很温和冷静,这样我的脑袋才能运转;可是,今天多了个爹在我身边,这个不好、那个不妙地干扰,让我无法一边跟小孩冷静地互动,一边在脑袋里面搜寻经验与学理的连结。我便把我朋友对我的干扰先挡在脑海外面,脑袋里开始推敲跟连贯所有相关学理以及连结处理过的类似经验。

　　我想,真的不行,我便让朋友抬着椅子把他儿子带到厕所去,等到冷静后再出来,这样他才不会在公共场合打扰别人,同时可以隔离他。不过,我认为这样太麻烦,所以我灵机一动,用英文对朋友说:"对你儿子说,要先安静才能下来。爸爸数到十,你若十秒都安静,你就可以下来。"

~146~

在这样的情境下，安静是一定要的；否则，孩子会误以为他是因为哭了就可以下来，哭了就可以为所欲为。因此，第一件事情就是要安静。至于数到十秒的用意，是用来缓和我刚刚要求他吃面条的这部分。因为，若是我再跟他对立，只会两败俱伤；所以，在顺着他的要求的同时，让他顺从一个指令；只要他愿意配合，其实跟要他吃下面条的指令是一样的功能。

不要低估孩子的能力

朋友就对他儿子说："你先安静下来。爸爸数到十，你若是能够安静，你就可以下来。"

他儿子一听，立刻停下来不哭了。可是，我朋友才数到"三"，这小家伙又哭了起来。

我用英文对我朋友说："Start over again（从头再数一次）。"朋友便配合地又开始重数："一、二、三……"

"不配合就重数"的动作更让他儿子领悟到，现在的游戏规则是：只要他一发出哭声，他爸爸便会重数一到十；于是，他便掩住自己的嘴巴忍住哭泣。这可真让我朋友大开眼界。

等我朋友数到十，我看他儿子完全配合地安静下来，便马上走到高椅子旁解开安全带让他下来，而且还口头上让他知道："你能配合地安静下来，还耐心地等到十，所以你可以下来。"

我朋友简直叹为观止。他不敢相信，他儿子在我们没有向他解说规则的情况下，竟然自己领悟出"他只要一哭就会等更久"。

我并不讶异，因为我知道每个小孩都是这般聪明；而且，他们的理解力超过我们所想象。我朋友开心又很满意地说："看来，我儿子很聪明啊！他竟然自己可以领悟出这样的规则耶！"

哎……反正，为人父母的就是会活在"我的孩子最棒"的世界里啦！这点我可以理解。大家千万不要低估了你家小 baby 的能力！

爸妈的 HOME WORK

观察自己：有没有在小孩闹到最高点的时候，提供你孩子要的东西？请冷静处理。记住：只有当孩子冷静时，才是跟他沟通的时机。

【名词解释】

前因、行为、后果（antecedent, behavior, consequence），简称 ABC

"前因"意指任何发生在行为之前的事件、活动、人物及物品，"行为"则是前因发生后接下来的行为，"后果"则为发生在行为之后的反应。

行为的功能（behavioral function）

意指行为的目的，比方说想得到所要的事物、逃避、得到注意或自我刺激等。逃避又可分成"逃脱（escape）"及"避免（avoid）"。"逃脱"指对于已经在进行的行为有困难或没兴趣，中间便采取不配合或是中断的行为；"避免"是指还没开始但是知道将要面对的事物，而采取能躲就躲、不愿意发生或是不愿意投入所引发的行为。

增强（reinforcement）

提供某个物品或是活动时，行为会因此持续或是增加；这样的作用便称为增强作用，被提供的物品或活动则称之为增强物（奖励品即为增强物）。

处罚（punishment）

提供某个物品或是活动时，会令行为因此减弱或是消除；这样的作用则称为处罚，被提供的物品或活动便称之为处罚物。

区别性增强其他行为（differential reinforcement of the other behaviors），简称 DRO

例如，想要改善的行为［目标行为（target behavior）］是打人的行为，只要孩子不打人的其他行为都是被允许的。所以，只要孩子不打人，即使是哭，在这阶段也是可以被接受的。只是，这样的技巧比较难建立新的适当行为，只可能减弱那种不被鼓励的行为。

区别性增强替代行为（differential reinforcement of the alternative behaviors），简称 DRA

当你不希望小孩子生气时打人，你便要教导他不必打人又可以表达他心情的方法；因此，你要协助他找到替代的行为来沟通。当他要对其他人表达愤怒时，可以让他使用语言跟对方说："你这样做我并不喜欢。"或是代之以打抱枕，而不去伤害别人。这个技巧比较合适建立新的行为，算是比较积极的教法。

区别性增强不相容行为（differential reinforcement of the incompatible behaviors），简称 DRI

不希望小孩因为长牙期而到处乱咬东西，你便可以给他合适的护齿器；他在咬护齿器时，就无法同时咬桌椅或是别的东西。你看到他要打人时，就拿鼓给他敲；打鼓跟打人的动作，便是不相容、无法同时存在的。

减弱（extinction）

有些行为在过去曾经被增强，但现在采取保留或是去除这些会使行为增强或是持续的反应，是为了让这样的行为消失。比如，小孩子以前只要一哭就可以得到他要的；但是，照顾者现在当他哭的时候则不给予他想要的东西，也就是"用哭来得到想要的"这种行为变得无效了。照顾者所使用的，就是减弱的策略。

减弱暴涨（extinction burst）

在许多行为里，若是平常某种行为的发生可以达到预定的目的，这个行为通常会发展至一个固定的强度或频率；但是，当这个行为所得到的结果有所改变，甚至达不到过去所期待的效果时，这个行为的强度或频率就会突然暴增。

比如，孩子原本使用哭声就可以得到他要的，可是，因为你采用减弱的技巧，所以决定不提供他所要的。若是他以前只哭三分钟就可得到东西，面对你的不理睬，他就会对你的减弱反应而有减弱暴涨——哭得更久、更可怜，想要回到以前那种固定模式。

行为塑造（shaping）、提示（prompt）、淡化（fading）

这三者像是三胞胎一般，通常都是一起使用的。先是采取"行为塑造"：藉由不断奖励某个接近目标的行为来塑造一个新行为；同时要加上提示：藉由额外的刺激，来增加引发行为的可能性；最后是"淡化"：渐渐移除或是减弱为了建立新行为所使用的提示。

类化（generalization）

所学到的行为可以类推到不同地方、不同的人，或是不同的项目。例如，老师训练学生在学校用餐具吃饭，学生回到家还是愿意使用餐具吃饭，这就是类化到不同的地方；老师教学生在英文课学的记忆法，学生还可以自己运用在法文课上，这就是类化到不同的项目；平常学生对于老师所交代的功课都能完成，父母亲要求时也一样愿意配合，这便是类化到不同的人。

最好的学习成果，就是不论学到的行为是什么，都可以类化到不同地方、不同人跟不同项目。

祖母的规则（grandma's law）

学名为 Premack principle；因提出者姓 Premack（普墨克），所以称为"普墨克原则"。意指利用学习者较有兴趣的项目或活动，来促进其学习或是接触较无兴趣之项目的技巧。

例如，学习者喜欢算数学但是不想念历史，便可以让学习者学习五分钟的历史后提供学习数学的时间。希望能藉由接下来便能接触喜欢之项目的过程，渐渐能够接纳原本不太喜欢的项目。

　　同样的原理也可使用在饮食的方面。比如，让学习者每次吃一口不太喜欢的胡萝卜后，马上可以喝一口喜欢的汽水。

图书在版编目(CIP)数据

教 Baby 真 Easy/陈力瑜著. —上海：复旦大学出版社，2015.7
(小太阳亲子丛书)
ISBN 978-7-309-11275-7

Ⅰ.教… Ⅱ.陈… Ⅲ.儿童教育-家庭教育 Ⅳ.G78

中国版本图书馆 CIP 数据核字(2015)第 053229 号

教 Baby 真 Easy
陈力瑜 著
责任编辑/邵 丹

复旦大学出版社有限公司出版发行
上海市国权路 579 号 邮编：200433
网址：fupnet@fudanpress.com http://www.fudanpress.com
门市零售：86-21-65642857 团体订购：86-21-65118853
外埠邮购：86-21-65109143
上海市崇明县裕安印刷厂

开本 890×1240 1/32 印张 5.25 字数 99 千
2015 年 7 月第 1 版第 1 次印刷
印数 1—4 100

ISBN 978-7-309-11275-7/G·1456
定价：28.00 元

如有印装质量问题，请向复旦大学出版社有限公司发行部调换。
版权所有 侵权必究